Où va-t-on ?

La collection *Le Monde en soi*
est dirigée par Denis Lafay

Dans la même collection :
Edgar Morin, *Le temps est venu de changer de civilisation*
Illustrations de Pascal Lemaître
Étienne Klein, *Sauvons le Progrès*
Jean Ziegler, *Les murs les plus puissants tombent par leurs fissures*
Yves Michaud, *Aux armes citoyens !*
Alain Touraine, *Macron par Touraine*
Laurent Berger, *Au boulot !*
Éric Dupond-Moretti, *Le droit d'être libre*
Denis Lafay, *Un éloge de la fragilité*
Axel Kahn, *L'éthique dans tous ses états*
Robert Misrahi, *Petit manuel de bonheur l'usage des entrepreneurs… et des autres*
Denis Lafay, *Maintenant, on fait quoi ?*
Esgar Morin, Pierre Rabhi, *Frères d'âme*
Michel Troisgros, *Le plaisir de faire plaisir*
Pascal Picq, *Crise, et si c'était notre chance ?*
Laurent Berger, *Quelle société veut-on ?*

www.editionsdelaube.com

ISBN 978-2-8159-4822-7

Denis Lafay

Où va-t-on ?

Préface de Charles Pépin
Postface de Jean-François Delfraissy

éditions de l'aube

Préface

La première fois que j'ai rencontré Denis Lafay, je me suis dit que tout n'était pas perdu : il restait donc encore des êtres préférant la discussion à la polémique, l'échange des idées au choc des identités, et accessoirement choisissant de répondre à votre message vocal en prenant leur téléphone plutôt qu'en envoyant un mail informatif et efficace. C'est presque une élégance d'un autre temps, finalement, une délicatesse oubliée : savoir prendre le temps, sans avoir peur de le perdre, pour raconter une histoire, relater une anecdote, ou simplement – on y revient – discuter. J'ai eu cette même impression en participant à des débats qu'il animait : voilà un homme capable d'écouter sans être déjà la tête dans la question d'après, capable de résister à l'obsession du conducteur par simple curiosité pour son interlocuteur. Cette curiosité pour l'autre est une denrée rare au temps de toutes les crispations identitaires.

Ses chroniques dans *La Tribune* laissent apparaître le visage d'un homme à la recherche du juste, mais attention : le juste au sens de l'ajusté, de la justesse plus que de l'absolue Justice. C'est, je crois, ce combat qui donne une unité à ses chroniques : qu'il évoque Emmanuel Faber évincé de Danone, la sagesse d'Axel Kahn jusqu'au seuil de la mort ou la nécessité de repenser l'héritage, il se positionne sans cesse sur le terrain de l'éthique et non de la morale, encore moins de ce que Nietzsche appelait la « moraline ». Il n'oppose pas le Bien au Mal, mais vise le mieux, le moindre mal. Il n'impose pas, mais propose, comme l'éthique précisément, qui recommande et ne commande pas. Il tente une pensée non pas contre notre temps, mais tout contre lui, au plus près de sa complexité, de ses évolutions, de son opacité également, qu'il ambitionne simplement d'éclairer un peu, juste un peu, en posant des questions, des interprétations, des engagements enfin, ce qui n'est nullement contradictoire.

Sous sa plume, la Bourse de commerce, devenue le nouvel écrin de la Fondation Pinault, n'a jamais aussi bien porté son nom, le métavers nous donne une drôle d'idée de la « belle vie » et les patrons de PME ne comprennent pas qu'ils se trahissent en se réclamant d'Éric Zemmour… L'idéologie, écrivait Hannah Arendt, est « l'enfermement dans la logique d'une idée ». On appréciera ici tout le contraire : une pensée souple et précise, tendre parfois, cruelle parfois aussi, surprenante souvent, qui prend l'époque à bras-le-corps, et nous invite à faire de même.

CHARLES PÉPIN

Introduction

En septembre 2020, je publiais la somme de vingt-deux grands entretiens réalisés pendant le confinement du printemps avec autant de penseurs et d'experts issus d'un vaste éventail de disciplines: sociologues, philosophes, politologue, médecins, historiens, scientifiques, artiste, entrepreneurs, économistes, élus, démographe, anthropologue. Son titre: *Maintenant, on fait quoi ?*[1]. Dix-huit mois plus tard, ce nouvel essai, qui rassemble les analyses et les convictions que j'ai publiées de mars 2021 à février 2022 dans *La Tribune*, adopte un intitulé qui a surgi spontanément, peut-être comme le prolongement logique d'un premier tome: *Où va-t-on ?*

Qu'a-t-on fait depuis l'irruption de la crise pandémique, c'est-à-dire comment avons-nous disséqué et interprété ce moment inédit de l'Histoire, comment avons-nous réussi ou échoué à extraire de cette « expérience » des enseignements propres à réenchanter nos sociétés, nos démocraties, notre civilisation, et l'humanité – celle, intime, propre à chaque individu, celle qui fait lien entre tous? Avec ces

1. Denis Lafay, *Maintenant on fait quoi ?*, La Tour d'Aigues, l'Aube, 2020.

vingt-deux intellectuels, nous avions tenté d'identifier des gisements de progrès humain et de creuser quelques rus censés l'irriguer. Ont-ils été entendus ? Leurs examens se sont-ils concrétisés, leurs espérances ont-elles été exaucées ? Si l'on se réfère aux thématiques qui polarisent la campagne de la présidentielle française, au contenu des débats entre candidats, au traitement orchestré par une partie de l'offre médiatique, et surtout à la vertigineuse audience des doctrines d'extrême droite, malheureusement on en doutera. À l'heure de conclure ces lignes – nous sommes mi-février –, il est trop tôt pour établir un pronostic précis du scrutin ; en revanche, la bataille culturelle, le combat des idées, ont déjà couronné Éric Zemmour, Marine Le Pen et la frange radicale des Républicains – Éric Ciotti a séduit 40 % des participants de la primaire. Cette victoire idéologique pourrait constituer d'ici 2027 l'ultime pièce qui manquait au puzzle de la conquête du pouvoir suprême : décomplexer, infuser, légitimer puis enraciner dans les consciences le droit de stigmatiser, d'être raciste, d'exprimer la haine, de compartimenter, de se recroqueviller, de se barricader. Si, en plus, surgit une figure (Marion Maréchal ?) capable de coaliser les différents courants et formations politiques et d'accomplir le fameux « rêve » de l'« Union des droites *nationalistes* » – et non *nationales* comme le suggère *Le Point* du 5 février[1]) – alors la dernière digue : *le sens et l'exercice d'une responsabilité dépassant les pulsions*, aura cédé.

1. Géraldine Woessner, « Match Reims [Marine Le Pen]-Lille [Éric Zemmour] : la droite nationale se déchire », *Le Point*, 5 février 2022.

En définitive, c'est bien dans un prolongement de *Maintenant, on fait quoi ?* que s'inscrit *Où va-t-on ?* Et il est volontaire à la fois que sa publication intervienne après l'élection et que sa rédaction s'achève deux mois plus tôt. Ainsi, pendant un an, dans une chronique baptisée « Ça a du sens ? », j'ai saisi des thèmes d'actualité que j'ai déchiffrés et auscultés en les désaccouplant du prisme, aveuglant, de la présidentielle. Ces tribunes ont un horizon qui dépasse avril – et juin, cette échéance législative ouvrant la possibilité d'une cohabitation aussi insolite que périlleuse – 2022, et elles empruntent un sentier commun: l'*interrogation éthique*. Comment des sujets économiques, sociaux, sociétaux, questionnent-ils et chahutent-ils notre cheminement éthique ? Comment notre exigence éthique se positionne-t-elle quand elle croise des réalités qui, par nature, vont l'*indisposer*, mais ensuite vont la *nourrir* et peut-être alors l'*enrichir* ? Dénicher, déterrer et soulever des problématiques dans le sillon de la complexité, puis inviter, si nous le pouvons – et surtout le souhaitons –, à leur confronter nos habitudes et nos certitudes de pensée: voilà le fil conducteur de cet essai, et si j'emploie la première personne du pluriel, c'est que moi-même me suis parfois retrouvé dans l'inconfort lorsque l'honnêteté intellectuelle dictant la réflexion puis l'écriture bousculait (ou était bousculée par) les propriétés *éthiques* de ma *conscience*.

Dans ces pages, il est donc question d'*économie*, de *social* et de *sociétal*, souvent ces trois items s'imbriquant avec l'*entreprise*, la *politique*, l'*innovation*, la *science*, l'*information*, la *connaissance*, et interagissant avec les particularismes de la *démocratie* et du *libéralisme contemporains* pour former un objet d'investigation éthique *holistique*. Lequel peut être ainsi résumé : *qu'est-ce qui est juste ?* Est-il acceptable de décerner la Légion d'honneur à des dirigeants d'entreprises dont les performances économiques et financières résultent, pour partie, de méthodes éthiquement répréhensibles – Vincent Bolloré, qui « extrême-droitise » et « catholicise » les médias dont il s'empare et met en péril (éditorial et commercial) le « monde des livres », doit-il pouvoir arborer l'insigne de commandeur ? Est-il décent de fossiliser des mécanismes d'héritage qui abâtardissent le *sens* du legs et exacerbent inégalités, consanguinité et phénomènes de castes ? Est-il compréhensible que les aînés, au profit desquels l'économie, les libertés, la jeunesse, les plus vulnérables, ont été sacrifiés pendant la pandémie (témoignage d'une réjouissante solidarité), ne concèdent pas un effort singulier ? Est-il responsable que de prospères industriels-collectionneurs instrumentalisent l'art aux fins de combler leur vanité, de consolider la réputation de leurs marques de luxe et de dérégler davantage un marché déjà ivre ? Est-il supportable que le géant suisse Holcim s'emploie à étouffer son ancienne co-identité Lafarge, quand, dans la Syrie où le cimentier français fut coupable d'indicibles collusions avec le régime d'Al-Assad et des groupuscules djihadistes, des dizaines de milliers d'opposants comme l'artiste Najah Albukai subissent la torture ?

Et aussi : est-il tolérable qu'Elon Musk, Richard Branson et Jeff Bezos d'une part, Mark Zuckerberg d'autre part, colonisent et mercantilisent l'espace (pour les premiers) et développent le délirant métaverse (pour le fondateur de Facebook), espérant fuir une Terre et un réel qu'ils ont eux-mêmes empoisonnés, aliénés, et qui ne suffisent plus à leur hubris ? Est-il concevable d'être à la fois disciple d'Éric Zemmour et patron, ou bien les attributs – humains, sociaux – intrinsèques de l'entreprise et l'idéologie du séide de Vladimir Poutine et de Donald Trump composent-ils un oxymore ? Est-il admissible que les démocraties, mais aussi les entreprises si promptes à éclabousser l'opinion de publicités sur leur exemplaire « comportement RSE » (responsabilité sociale, sociétale et environnementale), demeurent complices de la prochaine Coupe du monde de football, celle que le Qatar corrupteur organise dans le mépris des droits humains et dans la plus grande insolence en matière écologique ? Est-il souhaitable qu'au nom de la défense des minorités et de la lutte contre les discriminations – causes capitales –, le wokisme et la *cancel culture* s'installent dans le paysage public, innervent les raisonnements, hystérisent le débat et paralysent le dialogue, et au final antagonisent l'opinion, au risque de desservir le cardinal objet originel ?

À la lecture des sujets traités dans le recueil, il n'est pas fortuit que trois icônes de l'éthique complètent le sommaire. En 2021, deux d'entre elles ont disparu, la troisième a célébré son centenaire : Axel Kahn et Pierre Rabhi, Edgar Morin. S'imprégner des portraits que je leur consacre, et surtout défricher l'Œuvre, considérable, que leurs trajectoires d'*Hommes*, de *penseurs*, d'*acteurs*, ont fécondée, offre une lumineuse grille de lecture et de compréhension des enjeux de notre époque et des biais civilisationnels abordés en marge de leur évocation. Les explorations auxquelles le généticien, l'agroécologue, et le sociologue et philosophe convient les lecteurs ne se limitent pas à la courte sélection ci-dessus ; elles s'appliquent aux autres thématiques, notamment à analyser les *justes* aspirations de la jeunesse, à circonscrire le périmètre d'une *juste* croissance, à définir le *juste* chemin que l'Église doit emprunter pour sa rédemption, à laver et vider le management moderne, rarement *juste*, de l'héritage nazi, à réveiller le *juste* risque que l'obsession sécuritaire assèche, à protéger les entreprises familiales et leurs propriétés vertueuses des pièges de l'*injustice*, à favoriser l'émergence du *juste* statut d'entreprise à mission, etc. Oui, qu'est-ce qui *fait* et *est* juste ?... L'énumération n'est pas exhaustive, et chacune des vingt-quatre tribunes, datées et présentées chronologiquement, recèle nombre d'autres « éclats de sujets » qui sollicitent le devoir d'éthique. Lequel, en préambule et en conclusion de l'ouvrage, pouvait-il trouver plus *justes* éclaireurs que Charles Pépin et Jean-François Delfraissy ?

Grâce au philosophe et au président du Comité consultatif national d'éthique, grâce à Axel, Pierre et Edgar, grâce à ceux qui depuis un demi-siècle *nourrissent* mon itinéraire éthique – si capricieux, si imparfait, si cahoteux –, grâce à chaque élément, parfois invisible ou sans visage, qui s'est introduit dans ces tribunes – ici une institution, un film, un documentaire, une exposition de peinture, un article de journal, une étude d'opinion, un rapport d'ONG, un club de football, là des chefs d'entreprise exemplaires ou méprisables, un historien, un collectionneur, un philosophe des sciences, un chef d'orchestre, un syndicaliste, une rabbine, un président de la République, etc. –, peut-être en savons-nous, même infinitésimalement, un peu plus : sur l'époque, sur ce qui se prépare, mais surtout sur les capacités de *chacun* et sur la possibilité *ensemble* d'interférer sur le cours de l'histoire. Cet essai ne propose aucune solution, aucune voie : il n'en a pas la prétention, et de toute façon je n'en ai ni les compétences ni le désir. Il s'attache simplement à éveiller des problématiques et à soulever des débats – d'abord *intérieurs*, ensuite publics – auxquels le lecteur est exhorté à prendre part.

Où va-t-on ? Toute conscience est invitée à s'emparer de l'interrogation, et toute conscience en exigence éthique est en mesure d'en orienter, même modestement, la conduite… et l'issue, c'est-à-dire la réponse. Celle-ci étant, comme l'espère Jean-François Delfraissy, d'« imaginer un cheminement collectif, un horizon commun et un espace de références partagées où la démarche éthique, ses valeurs de solidarité, de protection des plus vulnérables et la responsabilité intergénérationnelle qu'elle porte serviraient de repères aux sociétés pour faire face aux défis à venir » – un désir on ne peut plus éminent alors qu'au moment d'envoyer cet essai sous presse Vladimir Poutine a commencé de propager en Ukraine sa rage de détruire et d'emmener le monde, dès maintenant et pour longtemps, vers un inconnu indéchiffrable. Puisse ce recueil stimuler chez le lecteur une réaction, puis une réflexion, puis une construction. Alors, il n'aura pas été inutile.

Denis Lafay

Les retraités doivent-ils payer ?

Ils sont ceux au bénéfice desquels la ruineuse parade économique, financière, sociale a été déployée, et la vie amoureuse, amicale, étudiante, professionnelle, de la jeunesse, sacrifiée. Ils sont ceux dont les revenus directs ont été préservés durant la crise. Ils sont ceux que la rétivité au vaccin appelé à les sauver et à enclencher le redressement de la société n'épargne pas ; depuis l'irruption de la pandémie de Covid-19, les retraités polarisent l'effort inédit de solidarité. De cette démonstration de l'« égale valeur des vies humaines », toute la société sort grandie. Mais l'épuisement du corps social gronde, et donc le moment est peut-être venu qu'ils apportent leur contribution descendante à la dynamique de solidarité intergénérationnelle aujourd'hui unidirectionnelle.

Il était décidé, dès mars 2020, de ruiner l'économie pour sauver une population vulnérable, en grande partie composée de personnes âgées, qui menaçait outre d'être décimée, d'anéantir les capacités d'accueil et de réanimation du système hospitalier. Qui peut, sur un plan éthique, contester que le « quoi qu'il en coûte » honore ses initiateurs, qui ont subordonné la dictature économique à la primauté de l'humanité ? Personne, il faut l'espérer. Cette position non seulement ennoblit ses auteurs, mais elle a contribué à réveiller et à fertiliser une solidarité, notamment intergénérationnelle, que l'époque avait tendance à ébrécher. À toute la population il a été demandé des efforts financiers, psychologiques, sociaux, au nom de la stricte égalité des valeurs humaines. Oui, il faut s'en réjouir.

Mais avec le temps ces efforts s'essoufflent, ils se commuent en sacrifices de moins en moins supportables, ils deviennent même résignation, éruption, abdication. Défaite. L'enquête Odoxa pour le Cercle Vulnérabilités et Société, réalisée début février 2021[1], révèle qu'une majorité de Français (56 %) redoute la survenue d'un conflit intergénérationnel. L'interprétation du terme « conflit » proposant un large éventail, qui s'étire du simple étiolement au choc, du délitement momentané à la rupture. Les professions – gériatres, psychiatres, enseignants – en lien avec les participants de cette tension constatent l'accroissement du ressentiment qu'éprouve la jeunesse à l'endroit de la génération des aînés. Ce constat n'est pas étranger aux recommandations d'une partie du Conseil scientifique, par la voix de son président Jean-François Delfraissy, d'un auto-isolement des populations vulnérables, les plus âgées en tête. Recommandation qui ne fait pas l'unanimité au sein de l'exécutif, témoignant là de l'immense sensibilité et de la grande complexité du sujet, autant éthiques que constitutionnelles et organisationnelles. Mais recommandation à laquelle l'enquête Odoxa fait écho : 56 % des jeunes (contre 44 % de l'ensemble du panel) sont favorables au confinement des seuls aînés.

1. Odoxa, *Covid, le risque générationnel ?*, février 2021 (les références sont développées en fin d'ouvrage).

Pendant un an, le tabou était inviolable. Les verrous ont sauté, et désormais il s'agit de serpenter tel un funambule sur une étroite ligne de crête. L'exercice est ardu, tant les répercussions de mesures mal pensées, mal partagées, mal communiquées, mal déployées, pourraient s'avérer délétères. Ardu et aussi risqué, car il exige une approche pédagogique et un débat apaisé auquel l'époque hystérique des réseaux sociaux et l'éditorialisation journalistique des chaînes d'information en continu ne se prêtent pas. Or l'enjeu est cardinal : éviter toute fracture, tout divorce, entre des générations interdépendantes et dont la nature même de la relation modélise la société et fonde le principe de « vivre ensemble ».

Personnes jeunes – étudiants ou en recherche d'emploi –, personnes esseulées, personnes vulnérabilisées, personnes précarisées, personnes violentées, personnes interdites d'entreprendre, personnes ruinées, personnes suicidées… : le convoi des « personnes » détruites par le sacrifice économique commandé par le sauvetage des populations âgées s'allonge irréductiblement. Pendant un an, la solidarité intergénérationnelle *ascendante* a remarquablement fonctionné ; peut-être est-il l'heure, pour elle, d'engager un mouvement *descendant*.

Les retraités constituent l'un des rares groupes sociaux dont les revenus directs sont immuables et traversent le tsunami sans chanceler. Ils concentrent aussi « *la* » *population* au nom de laquelle « *toute* » *la population* est sommée de renoncer, de défaillir, de sombrer. N'ont-ils pas la responsabilité morale de participer à l'effort de solidarité dont ils sont, aujourd'hui, les bénéficiaires ? Même extrêmement symbolique chez les plus modestes d'entre eux, cette contribution constituerait un lumineux message auprès d'une jeunesse martyrisée par des circonstances antithétiques – il est exigé de ceux que les formes graves ménagent de subir les conséquences les plus pénalisantes des parades socio-économiques.

Cette « responsabilité morale de participer à l'effort de solidarité » ne se cantonne pas au portefeuille. Car, là encore, la force des symboles est déterminante. La solidarité intergénérationnelle est mise à l'épreuve par le comportement à l'égard du vaccin ; chaque personne âgée, chaque personne vulnérable – tout comme d'ailleurs chaque soignant – refusant l'antidote contribue à empoisonner le lien de solidarité à l'égard de la jeunesse, puisqu'elle fait le choix de ne pas prendre part à la suspension d'une déflagration dont elle est simultanément la cible et la résolution. Ici aussi, comme dans de nombreux autres domaines, la question, centrale, de la liberté est posée. Quand « ma » liberté, légitime, de refuser le vaccin, attente à la liberté de vivre d'autrui qui sacrifie son existence pour moi, suis-je aligné sur ma conception éthique d'une liberté partagée, équitable, respectueuse ? Et nourricière du bien commun ?

De nombreux gisements de « réajustement solidaire », coercitifs, existent. Citons, par exemple, les « très riches » ; le rapport Oxfam consacré au « virus de l'inégalité » a révélé que la fortune des dix plus prospères d'entre eux avait bondi de 540 milliards de dollars entre mars et décembre 2020[1]. En France, le cru 2020 s'est révélé fructueux ; en neuf mois, l'aéropage des plus fortunés a enregistré 175 milliards

1. Oxfam, *Les inégalités tuent*, janvier 2022.

d'euros de recettes et a totalement reconstitué sa cassette – dans le même temps, plus d'un million de personnes sont venues gonfler les rangs de la pauvreté.

Citons aussi certaines entreprises, Gafam (Google, Apple, Facebook, Amazon, Microsoft) en tête, qui se sont goinfrées depuis un an en exploitant voire en provoquant la dislocation et la ruine de pans entiers de l'économie. Ces entreprises ne se sont pas « adaptées » à la crise pandémique, l'ineffable richesse qu'elles accumulent n'est pas « accidentelle », inoffensive, ou ne résulte pas d'un louable « retournement » stratégique, entrepreneurial, managérial ; elles tirent profit de circonstances qu'elles cultivent et exacerbent, elles tirent profit de la destruction d'autrui qu'elles ont spécieusement déclenchée, elles tirent profit du basculement systémique et définitif dans l'ère d'un capitalisme numérique à bien des égards duplice et dangereux – y compris pour la démocratie. Un profit amoral.

Le fameux « degré d'acceptabilité » des Français, qui chaque jour nouveau vacille un peu plus, est conditionné et même consubstantiel au « degré de solidarité » qu'ils observent factuellement ou ressentent dans leur intimité. La faculté de *résistance aujourd'hui* et de *résilience demain* de la communauté humaine est à ce prix. Tout individu est prêt à subir et à soutenir lorsqu'il perçoit que le sacrifice dicté est partagé de manière équitable. Juste. Plus que jamais, la « justice redistributive » apparaît centrale pour coaliser, fédérer, réunir. Pour endiguer le risque d'inflammation généralisée qui menace un corps social de plus en plus incandescent et antagonisé. Les personnes les plus nanties et certaines des entreprises dont la capitalisation boursière s'est indécemment envolée depuis un an – les premières et les secondes souvent se confondant – sont sur le front de l'exigence redistributive. Celle-ci, les pouvoirs exécutif et législatif ont le devoir de s'emparer.

Les « gestes de solidarité » demandés aux retraités ne seraient nullement comparables, dans le fond et dans la forme, dans la justification et dans les desseins, aux réajustements coercitifs qui doivent être exigés du propriétaire de LVMH ou des actionnaires de Facebook. Ils s'arriment toutefois à la longue cohorte de ceux qui composent la nécessaire adaptation de la dynamique de solidarité aux circonstances soudaines. Les seniors ne sont, bien sûr, pas responsables de la déflagration pandémique, et toute tentation stigmatisante exige d'être combattue ; mais ils ont la possibilité, l'opportunité, et alors la… responsabilité, de participer à la pacification du climat et au colmatage des brèches ouvertes avec les générations qui leur succéderont. Lesquelles, en plus de payer la facture climatique et environnementale en grande partie émise par leurs aînés, devront régler celle de la crise pandémique.

La crise, protéiforme et tentaculaire, du Covid-19 met à l'épreuve la solidarité. *Toute* l'architecture et *toute* l'arborescence de la solidarité. Celle-ci peut sortir réenchantée du moment indicible que traverse la civilisation. À condition que chacun fasse « sa » part.

Mars 2021

Emmanuel Faber, pris au piège de son image

Que restera-t-il de l'action et du « patron » Emmanuel Faber chez Danone, brutalement évincé – en deux temps, en mars – de la présidence et de la direction générale ? Pour l'action, il est trop tôt pour répondre. En revanche, plusieurs indices font entrevoir l'empreinte du dirigeant. Ils interrogent son exercice hardi et controversé de « l'image », qui au final lui a échappé et s'est retourné contre lui. Ils questionnent aussi la crédibilité et même l'avenir du statut d'« entreprise à mission », conceptualisé dans la loi Pacte de 2019 et que le groupe modélisé par Antoine Riboud puis redimensionné par son fils Franck a audacieusement épousé sous l'impulsion d'Emmanuel Faber.

Iconique il y a quelques mois encore, Emmanuel Faber n'aura suscité, au moment de sa destitution en mars, qu'une compassion mesurée et de faibles soutiens publics. Se sont tus ceux que sa rhétorique ou ses plaidoiries jugées arrogantes, mystiques et moralisatrices exaspéraient, ceux qui jalousaient son audace, sa singularité et son aura, ceux que son management avait fini par irriter, ceux qui s'étaient mis à douter de l'authenticité de son combat. Ceux, enfin, qui suspectaient une stratégie de communication spécieuse. « Ceux »-là évoluent au haut niveau des instances politiques, patronales, ou de la gouvernance du groupe. Qui a entendu le ministre Bruno Le Maire ou le président du Medef Geoffroy Roux de Bézieux voler à son secours, au nom du symbole qu'il représente ? La facilité avec laquelle l'américain Artisan Partners et le britannique Bluebell Capital, deux fonds totalisant moins de 8 % du capital, ont obtenu l'éviction d'Emmanuel Faber en dit long sur les appuis de ce dernier. Mais à cet « abandon », lui-même n'est pas étranger, et sa stratégie de communication, déployée bien avant l'année de la consécration en 2017, y a contribué. En soi, elle constitue une leçon.

Avait-il voulu « tuer » le père puis le fils, c'est-à-dire le fondateur Antoine Riboud et Franck, qui après dix-huit ans de pilotage lui confia les rênes du groupe en deux temps, en 2014 puis trois ans plus tard ? Du fameux discours à HEC en 2016 – alors impertinent et magistral, mais aujourd'hui d'une grande banalité – à l'adoption du statut d'entreprise à mission en passant par son essai *Chemins de traverse*[1], ses multiples interventions publiques, une savante exposition médiatique, sans oublier des « sacrifices » personnels spectaculaires (et exemplaires, comme son renoncement à une retraite-chapeau), il s'était bâti un statut de « superstar », comme le résume le directeur de l'Institut français de gouvernement des entreprises Pierre-Yves Gomez. Un statut lui conférant d'incarner de manière archétypale « le patron humaniste et visionnaire qui anticipe l'économie postfinanciarisation alors même qu'il dirige l'une des entreprises les plus financiarisées du CAC 40 ». « Alors même » : voilà où

1. Emmanuel Faber, *Chemins de traverse*, Paris, Albin Michel, 2011.

coince la trajectoire d'Emmanuel Faber, c'est cet adverbe qui cristallise « la solitude croissante » de l'ascète passionné d'alpinisme soupçonné d'exercer une « personnalisation narcissique du pouvoir ».

« Alors même » introduit en effet une contrariété, plus encore une divergence, voire une incohérence. Franck Riboud avait pris soin de gérer avec mesure et discernement l'identité progressiste, et même révolutionnaire, ensemencée par son père. Cette mesure et ce discernement, il les appliquait à sa propre stratégie d'image, qu'elle cible le monde financier, le corps social, les consommateurs ou les médias. Point d'écart ou d'emphase, et l'emploi de cette nuance ne l'avait pas empêché, dès 2005, bien avant la genèse de la loi Pacte, d'édicter la « raison d'être » du groupe : « Apporter la santé par l'alimentation au plus grand nombre tout au long de la vie ». Laquelle allait signer, quinze ans plus tard, l'adoption par son successeur du statut d'entreprise à mission. Ainsi, l'image de Danone et celle de son PDG ne progressaient pas en dépendance l'une de l'autre, elles n'apparaissaient pas consubstantielles, et, surtout, celle de l'« héritier » ne souffrait pas du soupçon d'instrumentalisation.

Emmanuel Faber aura fait le choix, différent, de juxtaposer, au risque de les confondre, son image personnelle et celle de Danone. Par fatuité ? Vanité ? Conviction ? Lui seul pourrait répondre. Mais il s'est retrouvé menotté à cette outrecuidance. Laquelle peut s'entendre dans le cas d'un patron entrepreneur ou dans celui d'entreprises familiales que les générations successives enracinent avec méticulosité dans l'ADN originel. Mais, en l'occurrence, Emmanuel Faber « n'était qu'»un manager parmi cent mille salariés d'un groupe dont il n'était pas propriétaire. Cet écart de stratégie communicationnelle, devenu peu à peu abyssal, entre Franck Riboud et Emmanuel Faber aura participé à l'esseulement de ce dernier.

Le danger est *grand* lorsqu'un « simple » dirigeant s'emploie à entremêler son image et celle du groupe dont il est, parmi d'autres, un pilote. Il devient *immense* lorsque le dirigeant devient suspect de jumeler au forceps les images respectives, c'est-à-dire d'ajuster l'image du groupe, et pour cela la stratégie, à ses convictions intimes ou à la réputation qu'il veut ciseler de lui-même.

Mais au-delà du seul « cas » de sa personne, l'éviction d'Emmanuel Faber met en scène l'enjeu, crucial, de la *cohérence*. Crucial pour l'avenir même de la RSE et du capitalisme responsable, en faveur desquels celui qui aura consacré vingt-quatre ans à Danone s'est employé avec une détermination que personne ne peut lui contester. Et qu'il a payée de sa disgrâce.

Qu'elle porte sur l'image du premier dirigeant et sur celle du groupe, qu'elle s'applique aux pratiques sociales, managériales, environnementales, sociétales, édictées dans la raison d'être ou la charte des comportements – souvent affichées à grand renfort de campagnes de communication –, *l'exigence d'alignement* est cardinale. D'*alignement*, et donc d'*exemplarité*. Plus grand monde n'est dupe : ni les clients, ni les salariés, ni même désormais les fonds d'investissement – y compris ceux qui ont congédié Emmanuel Faber – n'ignorent qu'aujourd'hui, à la faveur d'une évolution des consciences et d'une interconnexion planétaire quasi instantanée *via* les réseaux sociaux, tout désalignement criant peut être révélé, et aussitôt puni. C'est peut-être là que se niche tout le paradoxe dudit Faber : ce qu'il a entrepris ces dernières années et le sens même dont il faut draper son excommunication, auront-ils *servi* ou *affaibli* la cause, fondamentale, qu'il poursuivait ?

Quel souvenir restera-t-il donc de son action et de son image ? Celui, au moins, d'un dirigeant qui aura maintenu Danone dans l'ADN initié par Antoine Riboud puis cultivé par son fils. C'est peut-être déjà bien, si l'on considère qu'il y est parvenu dans une période, celle de la deuxième décennie du XXIe siècle, tout à fait critique pour l'avenir de la RSE. L'étude publiée en janvier par l'Academy of management[1], démontre la forte conditionnalité du « comportement RSE » de l'entreprise à celui du PDG – que modélisent l'image, la communication, la politique managériale, l'impact personnels. Emmanuel Faber ne peut être pris en défaut de loyauté sur ce point, et, d'ailleurs, le comportement de la nouvelle gouvernance de Danone « dira » beaucoup des véritables desseins, en matière de RSE, des fonds qui l'ont révoqué. Quant aux interrogations portant sur l'authenticité de son engagement aux commandes de Danone, ce qu'il accomplira désormais[2] pourrait apporter quelques réponses. Et lever le voile sur une partie du mystère qu'il emporte avec lui.

---

1. Georg Wernicke, Miha Sajko et Christophe Boone, *How much influence do CEOs have on company actions and outcomes ? The example of corporate social responsability*, Briarcliff Manor (NY), Academy of management, 2021.
2. Il a, depuis, rejoint le fonds de capital-risque Astanor Ventures, dédié à la transformation de la filière agroalimentaire, et pris les rênes du Conseil international des normes extra-financières, l'International Sustainability Standards Board (ISSB), décrété en novembre lors de la COP 26 à Glasgow.

Reste, au final, une question sans réponse : sous son impulsion, Danone avait opté pour l'audacieux statut d'« entreprise à mission », créé par la loi Pacte promulguée en 2019 dans le sillage du rapport *Entreprise objet d'intérêt collectif* que l'actuel président de Renault – et alors de Michelin – Jean-Dominique Senard et l'ex-secrétaire générale de la CFDT Nicole Notat avaient rédigé[1]. Un statut qui exhorte l'entreprise à « affirmer publiquement sa raison d'être, ainsi qu'un ou plusieurs objectifs sociaux et environnementaux qu'elle se donne pour mission de poursuivre dans le cadre de son activité ». À cette fin, Danone a créé un « comité de mission chargé de superviser les progrès accomplis dans la réalisation de ces objectifs » et « désigné un organisme tiers indépendant chargé de vérifier la bonne exécution de la mission ». Quant aux objectifs sociaux et environnementaux, le groupe les résume à « améliorer la santé », à « préserver la planète et renouveler ses ressources », à « construire le futur avec ses équipes », enfin à « promouvoir une croissance inclusive ». Des ambitions élevées auxquelles les faits objectent une réalité parfois peu reluisante ; ainsi, dans son rapport 2021, l'ONG Break Free From Plastic plaçait pour la première fois Danone dans le top 10 des plus gros pollueurs plastiques de la planète[2]…

Il n'empêche, le géant de l'agroalimentaire aura été le premier groupe coté et le premier géant à « oser » adopter un statut dont la principale vertu est d'exercer une pression de la base – les salariés, les consommateurs – vers le

1. Nicole Notat et Jean-Dominique Senard, *L'entreprise objet d'intérêt collectif*, rapport, 9 mars 2018.
2. Break free from plastic, *Brand audit report 2021.*

sommet – le management, les actionnaires, le marché – et réciproquement, et ainsi d'inoculer une contrainte symétrique potentiellement bénéfique. L'hyperpersonnalisation de ce virage stratégique sous les traits d'Emmanuel Faber pouvait, *hier*, apparaître exemplaire et être émulatrice ; les conditions dans lesquelles le PDG a été débarqué auront, *demain*, des effets délétères sur les candidats au statut. C'est peut-être la pire des répercussions de ce triste épilogue.

Mars 2021

Légion d'honneur : en exclure les patrons ?

Aux promotions de la Légion d'Honneur figurent désormais, très normalement, des dirigeants d'entreprise. Très normalement ? La question mérite d'être traitée. Car le « comportement moral » de patrons suivant les principes équivoques du capitalisme et la réduction à un individu d'une « œuvre » d'entreprise par essence collective interrogent le bien-fondé de l'éligibilité desdits patrons à un honneur récompensant le « mérite personnel au service de la nation française ».

Il y a quelques jours, la promotion de Pâques de la Légion d'honneur aurait dû être publiée. Mais depuis 2018 et la réforme des ordres nationaux décrétée par Emmanuel Macron, *exit* l'une des trois vagues civiles annuelles ; le chef de l'État avait promis de revaloriser la plus haute distinction française, discréditée par des nominations pléthoriques et parfois ridicules, voire insoutenables. Quelques progrès ont été accomplis – une plus grande sélectivité donc, qui succédait à la parité instaurée par Nicolas Sarkozy –, mais des incompréhensions, parfois insupportables, demeurent. Ainsi, pour seul exemple : en 2020, le président égyptien Abdel Fattah al-Sissi était élevé au rang de grand-croix – c'est-à-dire, aux yeux de la France sanctifiant « Honneur et patrie », « l'égal » de Simone Veil ou de Raymond Aubrac.

Était-il récompensé pour les faits de torture et la répression des libertés caractéristiques de sa politique ? Ou pour les vingt-quatre Rafale commandés en 2015 ? Quinze ans plus tôt, sous la présidence de Jacques Chirac, c'était au tour du despote Vladimir Poutine d'être distingué. Là aussi, on peine à repérer son « mérite personnel au service de la nation française ». Plus loin dans les décades, on ne dénombre plus les invraisemblances.

Au palmarès de la Légion d'honneur, la communauté des dirigeants d'entreprise, longtemps écartée, est désormais pleinement reconnue. La Légion d'honneur se veut « refléter son époque », témoigner « des compétitions économiques » et mieux intégrer « les chefs d'entreprise ». Une autre réalité dicte cette orientation : l'imbrication, déséquilibrée, des cénacles économique et politique confère au premier un ascendant déterminant à la faveur de la mondialisation néolibérale des quatre dernières décennies et du déclin des autorités d'État. Désormais, le rapport de force joue en sa faveur, ouvrant les vannes à l'hybridation, parfois aussi à la collusion des intérêts avec les décideurs publics.

Par leur engagement *réel* de femme ou d'homme au service de l'intérêt général, et surtout lorsqu'ils l'arriment à la *réelle* raison d'être ou au *réel* management de leur entreprise – donc lorsque leurs convictions humaines et professionnelles convoitent la cohérence –, des entrepreneurs diffusent un sens et une exemplarité qui les rendent, sans contestation possible, éligibles. Mais d'autres situations font dissonance. Et débat.

Il y a bien sûr les fardeaux judiciaires. Exemples ? Fin février, dans le cadre de poursuites pour corruption exercée en Afrique, le tribunal de justice infligeait au groupe Bolloré une amende de douze millions d'euros tout en invalidant l'homologation de la comparution pour reconnaissance préalable de culpabilité (CRPC, ou plaider-coupable) de son PDG Vincent Bolloré, et réclamait que le commandeur de la Légion d'honneur soit poursuivi personnellement en correctionnelle – depuis, le parquet financier a demandé le renvoi auprès d'un juge d'instruction. Le fondateur de Fimalac, Marc Ladreit de Lacharrière (grand-croix), dans une procédure de plaider-coupable fut condamné en 2018 à huit mois de prison avec sursis et à 375 000 euros d'amende pour l'emploi de complaisance occupé par Pénélope Fillon dans sa *Revue des deux mondes*. L'ex-PDG de France Télécom Didier Lombard (commandeur) écopa en première instance, en 2019, d'un an de prison (dont huit mois avec sursis) pour harcèlement moral. Quant à Jacques Servier, il fut fait grand-croix par Nicolas Sarkozy fin 2018 alors que le volcan du scandale du Médiator déclenché par son laboratoire couvait déjà.

Mais pour vraiment distinguer le bon grain de l'ivraie au sein du contingent des patrons, il faut s'écarter du terrain judiciaire. Et pour cela, serpenter dans les méandres, délicats, de la morale, et en explorer l'infini spectre des nuances.

La Légion d'honneur convoque en effet le *comportement moral* des récipiendaires accompli dans le cadre des « motifs » de leur reconnaissance. Questionner ce *comportement moral* signifie le projeter – et le mesurer – sur le support capitaliste dans lequel il s'exprime. Par nature amoral, mais offrant la possibilité d'agir de manière aussi bien morale qu'immorale, éthique que non éthique, le capitalisme contemporain est-il un modèle compatible avec l'exigence morale que commande la Légion d'honneur ?

Les règles du capitalisme exposent en permanence ladite exigence morale – et d'ailleurs les dirigeants qui lorgnent la plus grande cohérence possible vivent un « combat intime » qui peut être passionnant. Elles mettent donc en tension l'attitude morale à laquelle la délivrance de la Légion d'honneur est censée être subordonnée. Et cela intemporellement. En effet, l'insigne est remis pour « services rendus » et, cela devrait aller de soi, pour « services à rendre ».

Au quotidien, tout dirigeant est sommé de prendre des décisions qui mettent en question, en doute ou en cause son exigence morale. Réorganiser pour être plus performant, purger un service insuffisamment rentable, démembrer une filière sur injonction des conseils, rajeunir le corps social pour dégager des marges de salaires, privilégier l'intérêt des actionnaires plutôt que celui des collaborateurs… : la liste des situations grises qui « obligent contre son gré » à un écartèlement *juridiquement incontestable* et *moralement douteux* est longue. Celle des circonstances noires qui « sollicitent de plein gré » l'est tout autant. Exemples ? Supprimer des emplois pour enchanter la Bourse. Ou s'emparer d'un concurrent contre sa volonté. À ce titre, le raid mené par le groupe LVMH de Bernard Arnault – élevé au rang de grand-croix un an avant de souhaiter obtenir la nationalité du généreux territoire fiscal belge – pour tenter de s'approprier Hermès restera dans les annales, y compris des contentieux : les huit millions d'euros d'amende que lui infligea l'Autorité des marchés financiers furent un record.

Vincent Bolloré n'est pas en reste. La stratégie éditoriale et les pratiques managériales au sein de Canal Plus, les menaces sur la contribution contractuelle et historique de la chaîne cryptée au financement du cinéma – qui font trembler la filière, déjà dévastée par la crise du Covid-19 –, l'orientation idéologique de CNews, questionnent son comportement moral. Que dire alors s'il réussit à délester Arnaud Lagardère d'Hachette Livres (n° 3 mondial avec 2,4 milliards d'euros de chiffre d'affaires en 2019) pour l'arrimer à son bateau Editis (687 millions d'euros) ? Si l'hypothèse se concrétise – ce que prépare la brutale éviction du PDG d'Hachette Livres Arnaud Nourry, le 29 mars, après qu'il a mis en garde contre les dangers de cette cession –, la pluralité intellectuelle, la préservation des maisons indépendantes et la pérennité des réseaux de distribution pourraient chanceler. Ou comment la volonté légitime de profitabilité, de pouvoir et d'expansion peut emprunter des voies qui interrogent son caractère moral. Circonscrire le « mérite personnel au service de la nation », socle de la Légion d'honneur, n'est pas toujours évident.

Ces entrepreneurs-bâtisseurs ont développé des empires, initié des audaces entrepreneuriales, créé des emplois, et parfois déployé des actions philanthropiques qui leur confèrent d'être « de toute évidence » éligibles à la Légion d'honneur. Cette évidence tient-elle toujours lorsque sont auscultés les chemins du succès ? La réponse vient peut-être de Xavier Niel, condamné en 2006 à deux ans de prison avec sursis pour recel d'abus de biens sociaux. Lors d'une masterclass à Sciences Po, il rapporte un échange avec Renaud Van Ruymbeke. Le juge aurait conseillé au fondateur d'Iliad : « À l'avenir, mordez la ligne jaune, mordez-la beaucoup, mais ne passez plus de l'autre côté. » Et son interlocuteur d'en conclure auprès des étudiants : « Regardez la loi et mordez la ligne jaune. Plein d'entreprises sont arrivées en France et ont mordu cette ligne. C'est un moyen de faire évoluer les choses et la législation »...

Un autre biais nourrit le débat : quelle est la *justification morale* d'une distinction par nature personnelle, alors que les dirigeants exercent des responsabilités noyées dans un collectif ? La Légion d'honneur récompense la créativité, l'altruisme, le courage, le sacrifice, l'humanité, d'un individu. Ainsi sont honorés un soldat, un compositeur, un élu, un auteur, un scientifique, dont « l'œuvre » résulte avant tout, voire exclusivement, de lui-même – son inventivité, ses mains, son cœur. Or s'il n'est pas discutable qu'un « grand » patron puisse être un entraîneur, un visionnaire et un fédérateur, il n'est jamais qu'« un » parmi les – dizaines ou centaines de – milliers de collaborateurs, de fournisseurs, de corps intermédiaires qui modèlent collectivement l'édifice. Le couronner d'un insigne aussi symbolique et prestigieux, c'est réduire à lui seul des succès – économique, social, managérial – qui doivent être équitablement partagés. C'est aussi accroître toujours plus le tropisme personnificateur et sacralisateur dont jouit l'aréopage. *Quelle est* donc la justice d'un tel honneur ? Et l'interrogation devrait être définitivement tranchée lorsque le dirigeant récompensé n'est « qu' » un manager-salarié – copieusement rémunéré –, aux commandes d'un groupe qu'il « traverse » avant et après d'autres, sans y avoir versé le « sang » financier et psychique propre au risque entrepreneurial. La véritable révolution à entreprendre ne serait-elle pas de créer une Légion d'honneur, « collective », d'entreprise ?

La crise pandémique a révélé des comportements exemplaires de chefs d'entreprise, anonymes ou célèbres. Emmanuel Macron, dont la récente réforme de l'ENA est censée incarner sa sensibilité au « vrai mérite », peut puiser dans ce vivier de quoi épingler sans contestation possible. Quoique… les polémiques ne cessent jamais. Parmi elles, le « sort » réservé à Stéphane Bancel, à l'origine d'un des vaccins anti-Covid-19 les plus révolutionnaires. Cet entrepreneur français d'exception, fallait-il *évidemment* le décorer[1] ? Ou bien son émigration aux États-Unis pour (trouver les moyens de) fonder Moderna, *évidemment* le disqualifiait-elle ?

Avril 2021

1. Il sera fait chevalier lors de la promotion du 14 juillet.

Super Ligue de football : des clients auréolés, des salariés déshonorants

La tentative, avortée, de douze clubs cadors du football européen de faire sécession met en lumière un écosystème et des rapports de force qu'il est intéressant de mesurer à un autre « marché » mondial, celui de l'art. Ces deux univers spéculatifs, en bien des points comparables comme le remarquable documentaire Salvator mundi *permet de l'interpréter, révèlent tour à tour l'absence, la prééminence, le pouvoir ou la couardise de plusieurs parties prenantes, présentes sur la plupart des autres terrains de l'économie et de l'entreprise.*

L'excellent documentaire *Salvator mundi* (« Sauveur du monde »)[1] qui retrace l'incroyable pérégrination d'un supposé chef-d'œuvre de Léonard de Vinci vendu aux enchères 450 millions de dollars en novembre 2017, met en scène une longue cohorte de parties prenantes : galeristes et marchands d'art, brochette d'« experts » plus ou moins précautionneux, conservateur de musée quelque peu « léger », oligarque russe floué puis triomphant, intermédiaires douteux, redoutables stratèges en communication, maisons de vente contestées,

1. Antoine Vitkine, *Salvator mundi*, documentaire, diffusé le 13 avril 2021 sur France 5.

héritier de la plus grande puissance pétrolière, et même le chef d'État français, sommé à un périlleux arbitrage géopolitique: en bien des points, le décor de cette pièce fait écho à celui qui vient de mettre le football européen en effervescence. Pour rappel: motivés par l'espérance de gains astronomiques, douze des plus prestigieux clubs (Real Madrid, FC Barcelone, Juventus de Turin, Manchester City et Manchester United, Liverpool, etc.) annonçaient le 19 avril la naissance d'une Super Ligue, concurrente des Coupes d'Europe orchestrées depuis leur création en 1955 par l'instance de régulation continentale, l'UEFA. Une Super Ligue « fermée », c'est-à-dire sans risque de rétrogradation en fin d'année, et donc au mépris du principe même de compétition. Ainsi fonctionnent les ligues américaines de basket-ball, de base-ball, de football et de hockey sur glace – d'ailleurs, une organisation « alibérale » de la rente, incohérente au pays de la compétition libérale.

Volumes colossaux de transaction, spéculation – sur des tableaux comme sur des joueurs –, opacité et avidité des intermédiaires, fragilité des systèmes économiques, diktat marketing, aréopage oligopolistique, enjeux géopolitiques: il est aisé, en effet, de transposer à ce séisme footballistique l'invraisemblable histoire de ce petit tableau empoussiéré et endommagé acheté 1175 dollars avant de finir – *très probablement*, car l'identité de l'acquéreur n'est pas officielle – dans les coffres-forts du Royaume d'Arabie saoudite, et cela en dépit d'immenses doutes quant à son auteur véritable.

Mais *Salvator mundi* et la Super Ligue n'ont pas connu la même issue. La vente du tableau s'est conclue par une apothéose mercantile, la tentative de sédition des clubs milliardaires – et dramatiquement endettés – a avorté piteusement, moins d'une semaine après sa retentissante annonce. Pourquoi l'un est allé au bout de l'aventure, et l'autre non ? Cela tient au rôle exercé par certaines parties prenantes, inexistantes dans le monde de l'art et puissantes dans celui du sport.

Première d'entre elles : l'*instance de régulation*. L'univers apatride du marché de l'art n'est régenté par aucune autorité, il laisse donc libre cours aux turpitudes – y compris morales : l'explosion de joie des acteurs de la vente record d'un tableau possiblement faux et d'un montant irrationnel glace le téléspectateur. L'univers du football européen est cornaqué par l'UEFA. Cette instance l'a démontré ces dernières années : elle n'est ni un « parangon de vertu », ni exempte de pratiques blâmables ; mais en l'occurrence, elle a pu menacer les clubs sécessionnistes de sanctions qui les auraient immédiatement condamnés. Ainsi, en quelques heures seulement, elle a obtenu l'abandon du projet séparatiste.

Deuxième de ces parties prenantes : l'*État*. Face à l'organisation dérégulée du marché de l'art, les États sont démunis. Ils assistent, sans pouvoir intervenir, à ses dysfonctionnements, parfois délictueux. Quasiment seuls la chasse – exercice ô combien aléatoire – aux faussaires et le maintien d'une stricte intégrité dans les musées nationaux relèvent de leur autorité. D'ailleurs, dans *Salvator mundi*, il est intéressant de mettre en perspective les « légèretés » dont le conservateur de la National Gallery se rend coupable au moment de dissimuler sciemment au public (en 2011) les doutes sur l'origine du tableau, avec l'intransigeance de l'État français refusant de céder à la même pression en amont de l'exposition que le Louvre consacre au maître italien à l'hiver 2019-2020.

La liquéfaction du projet des douze mercenaires est venue de Londres. La moitié d'entre eux évoluait en effet dans le championnat anglais, et les menaces du Premier ministre Boris Johnson – notamment sur la délivrance de permis de travail pour les joueurs étrangers, qui composent l'essentiel des équipes outre-Manche –, soucieux par ailleurs de tirer un profit populaire de la situation, ont pesé de manière capitale. C'est à partir du 10, Downing Street que le château de cartes s'est écroulé. Si les clubs français et allemands avaient succombé à la tentation dissidente, les exécutifs domestiques disposaient eux aussi d'armes de coercition d'une efficacité comparable.

Une troisième et une quatrième parties prenantes, propres à l'univers du football, questionnent plus largement l'organisation de l'économie et celle de l'entreprise. L'une, par son *action*, réjouit et illustre une lame de fond qui s'applique à bien d'autres réalités que le sport ; l'autre, par son *inaction*, décontenance.

D'où a surgi, au départ, la rébellion contre la Super Ligue ? Des États, des instances de tutelle nationales, des diffuseurs, des annonceurs publicitaires ? Non : des supporteurs, c'est-à-dire des *clients*. En Angleterre, ils ont déclenché l'éruption, aussitôt enflammée par les relais médiatiques et politiques, sommant au final les directions des clubs séparatistes à un pitoyable *mea culpa* public. Aucun des douze clubs n'avait anticipé une telle fronde de la part de clients qu'ils ont l'habitude d'assujettir et d'endormir à coups de produits merchandisés et en dépit de prix des places exorbitant. Oui, ces mêmes supporteurs capables d'acclamer docilement des joueurs qui perçoivent en un an l'équivalent de… cinq siècles de leurs revenus, ont initié la révolte contre une énième dérive, cette fois vilipendée, du *foot business*. Or, ce « pouvoir des clients », n'est-ce pas lui qui « convainc » désormais les entreprises d'adopter des comportements davantage responsables sur les plans social, sociétal et environnemental ? Et qui, en cascade, oblige actionnaires, dirigeants, marchés financiers et banques à reconsidérer leurs travers cupides et à s'adapter à ce nouveau rapport de force ?

Le quatrième et dernier contributeur clé du débat a pour nom *salarié*, qu'incarnent les joueurs. Or l'assourdissant silence dont ils ont fait preuve résonnera pour longtemps dans les stades, et il aurait même dû provoquer le dégoût des supporteurs. Au lendemain du 19 avril, les a-t-on entendus manifester leur rejet solidaire ? Non, les joueurs du Liverpool FC exceptés, la couardise et l'égoïsme ont dominé dans leurs rangs, et ils ne commencèrent, timidement, de sortir de leur abri qu'une fois certains de l'issue. Mais qu'est-ce qu'un joueur aujourd'hui, depuis l'arrêt Bosman de 1995 libéralisant le marché des transferts et les trésors assurés par les diffuseurs ? Un produit ballotté selon une cote de valeur d'un éphémère propriétaire à l'autre *via* une organisation opaque d'intermédiaires, un produit dont les profits sont tirés davantage hors du que sur le terrain, un produit qui chasse les primes et traque des contrats toujours plus juteux. Donc, bien souvent, un mercenaire, qui à l'occasion de cet événement a montré son visage : hypnotisé par son intérêt, pétrifié à l'idée de contrarier son employeur, méprisant l'incompréhension des *clients*, les supporteurs. Incapable de bousculer sa situation personnelle et d'engager une action collective pour un profit qui dépasse le sien. Ces joueurs auront offert du salariat une représentation lâche, égotiste.

Elle déshonore la réalité contemporaine et historique du salariat, qui doit à des luttes parfois meurtrières d'avoir fait progresser le statut, les protections et les conditions d'exercice de ses bénéficiaires. L'éditorialiste Vincent Duluc, dans une plaidoirie radicale, fustigeait les « traîtres de la Super Ligue »[1]. Son propos devait-il viser seulement les clubs ?

Avril 2021

1. Vincent Duluc, « Les traîtres de la Super Ligue », éditorial, *L'Équipe*, 19 avril 2021.

Entreprises familiales : des attributs à double tranchant

Les entreprises à actionnariat familial sont communément drapées d'attributs singuliers grâce auxquels elles traverse(raie)nt les crises mieux que toute autre organisation. C'est une réalité – à défaut d'être une règle – que le séisme Covid-19 et les particularismes sociétaux de l'époque passent au révélateur et mettent à l'épreuve. Le pire peut en sortir, mais aussi le meilleur.

Depuis l'irruption de la crise pandémique, les entreprises familiales « font-elles » mieux que les autres ? Si les études antérieures à 2020 ont démontré leurs capacités singulières de résistance, peu d'éléments, depuis, l'étayent. Celle du Credit Suisse Research Institute, publiée en septembre 2020[1], est venue toutefois attester de la surperformance des entreprises cotées familiales par rapport à leurs *alter ego* non familiales, les atouts intrinsèques des premières – croissance soutenue, vision à long terme de l'investissement, ratios d'endettement maîtrisés, priorité à la R&D, meilleure profitabilité, culture financière plus conservatrice, et de meilleurs données environnementales, sociales et de

1. CSRI, *Credit Suisse Family 1000 : post the pandemic*, rapport, septembre 2020.

gouvernance (ESG) – se révélant déterminants pendant la tempête. À ces attributs il convient d'en ajouter d'autres, tout aussi précieux : un fort enracinement local, des relations au territoire et une sensibilité (par exemple à la solidarité, comme l'ont montré nombre d'entre elles ces derniers mois) qui dépassent le cadre économique, l'héritage d'un « vécu » possiblement séculaire qui incite au sang-froid et au recul, une gouvernance stable fondue dans un système de valeurs. Enfin, et peut-être surtout, une *raison d'être* et un *sens* eux aussi ensemencés il y a parfois longtemps et sur lesquels peuvent s'appuyer les arbitrages décisionnels les plus délicats. Voilà une vérité d'ensemble, chaque entreprise concernée y puisant plus ou moins pour constituer son ADN.

Cet éventail panégyrique forme toutefois un prisme angélique et caricatural, et ériger les entreprises à actionnariat familial, cotées ou non, au rang d'icônes serait une faiblesse. D'abord parce que ces attributs, même méthodiquement appliqués, peuvent ne pas suffire face à une déflagration aussi dantesque que celle du Covid-19. Ensuite, parce que *être entreprise familiale* ne garantit aucunement *être un exemple* en matière sociale, managériale, sociétale, environnementale, et même éthique – lorsque le géant *familial* LVMH s'escrima par tous les moyens à s'emparer, contre son gré, de l'autre joyau *familial* du luxe, Hermès, fournit-il une noble image de l'*entreprise familiale* ? Enfin, parce que de sensibles enjeux, exacerbés par la crise, viennent défier leur solidité.

Les ressorts spécifiques de ces entreprises ont en effet leur revers. Exemple ? Le « poids » de l'histoire, celui des lignes de conduite anachroniques, celui des pressions exercées par les actionnaires familiaux, celui de l'écosystème auquel l'entreprise est rivée, lestent l'agilité et la capacité de réorientation stratégique des dirigeants, surtout lorsque eux-mêmes sont du sérail familial. La ligne de crête distinguant la prudence de l'immobilisme, la loyauté de la cécité, la pause de la sclérose, est exiguë. Or face au tsunami de la crise pandémique, si le temps de l'analyse et de la clairvoyance est précieux, celui de l'inertie est mortifère.

Autre sujet sensible, celui de la fiscalité. Outre-Rhin, où les entreprises familiales constituent un terreau fertile et composent l'essentiel d'ETI (entreprises de taille intermédiaire) particulièrement dynamiques, le débat aujourd'hui est vif: les très généreux dispositifs sur les droits de donation et de succession, déterminants pour assurer la pérennité de ce tissu fondamental dans l'arborescence entrepreneuriale allemande, ont-ils créé une distorsion de concurrence, une niche d'actionnaires « ultraprivilégiés », et une concentration des richesses, devenues autant d'inégalités insupportables en temps de crise ? En France, bien qu'ils soient d'une ampleur moindre, les outils du pacte Dutreil poursuivent une logique comparable, et il ne serait pas impossible que le débat politique convoque le sujet au moment où se posera celui, crucial, du « financement juste et équitable » de la crise.

Entre l'actionnariat et le management – qu'il soit familial ou non –, la tension est endogène, tant les intérêts personnels, et par ailleurs disparates, des actionnaires peuvent ne pas être alignés sur l'intérêt général de l'entreprise piloté par le management. Une oscillation permanente, souvent nourricière, mais que l'épreuve de la crise, lorsqu'elle est jumelée à une gouvernance actionnariale insuffisante et à un déficit de « projet d'actionnaires », peut enflammer. Oui, la crise met à l'épreuve la solidité des actionnariats familiaux, elle peut même faire éclater cette communauté si les *risques de crises internes* – « de pouvoir, de gouvernance, de stratégie d'actionnaires, d'image, de valeurs et d'identité », ainsi listées par le spécialiste Laurent Allard[1] – soulevés par *la crise* ne sont pas endigués. *Quid*, par exemple, des peurs des actionnaires qui vivent des dividendes et peuvent être tentés d'exercer une pression panique sur le management – familial ou non ? *Quid* d'une notion cardinale, mais fragile dans le fonctionnement des entreprises à actionnariat familial : la confiance ?

Plus encore, ce que signifie aujourd'hui « la famille » fragilise sournoisement mais concrètement certains attributs des entreprises familiales.

D'une part, les jeunes générations ne partagent plus le « sens du devoir » au nom duquel leurs aînés orientaient, naturellement, leur carrière professionnelle. Émancipées, déterminées à gérer leur destin, souvent attirées par des expériences à l'international, sensibles à la nature de l'activité qu'elles font le choix de rejoindre, elles ne sont plus disposées audit devoir. Pourquoi « serais-je obligé » de suivre le parcours initiatique dans l'entreprise familiale de Marmande spécialisée dans la fabrication de ciment, quand je peux participer à Montréal au développement d'une start-up de l'économie circulaire ? Les aspirations et les exigences des générations Y et Z sollicitent un « sens » qui peut faire dissonance, voire injure à celui de l'entreprise familiale à laquelle elles sont promises. Les tensions

1. Dirigeant de la société de conseil Family & Co.

intergénérationnelles qui ont fait irruption dans la société depuis dix-huit mois et l'arbitrage, délicat et permanent, entre les enjeux sanitaire et économique qui a sacrifié la jeunesse trouvent dans les cercles intimes des actionnariats familiaux un terrain de joute.

D'autre part, les exigences des actionnaires familiaux ne sont pas imperméables aux injonctions comportementales dictées par l'époque. Celle-ci est propice à l'individualisme, au matérialisme, à l'immédiateté, au consumérisme, au nomadisme (ou à l'infidélité) professionnel(le), et ces phénomènes pèsent : sur la stratégie d'entreprise, sur la politique de dividendes, et sur le déroulement du « projet d'actionnaires » censé cimenter un cénacle par nature hétérogène. Hétérogène et aux motivations potentiellement cacophoniques, liées en partie à la dissymétrie des légitimités : comment un rentier reclus dans sa propriété de Vevey, sa cousine aux commandes opérationnelles de l'entreprise et son neveu salarié-militant d'une ONG à Vancouver peuvent-ils s'accorder ? Question qui instruit celle du sort des héritiers, à l'encontre desquels Denys Brunel, dans *Le Crépuscule des héritiers*[1], dresse un réquisitoire trivial, mais pas infondé. Lui qui fut aux commandes de grands groupes familiaux (Perrier, Suchard, Monoprix) estime ainsi que « le maintien au pouvoir des héritiers dans les grandes entreprises est nuisible. Il faut le supprimer. » Ce qu'Arnaud Lagardère a fait fructifier du trésor entrepreneurial légué par son père Jean-Luc ne le déjugera pas…

1. Denys Brunel, *Le crépuscule des héritiers*, Paris, Le Nouveau Monde, 2020.

Finalement, le « cas » des entreprises familiales met en lumière ce qu'est, aujourd'hui, une famille. Avec ses vertus et ses pièges. Elle est géographiquement et physiquement éclatée, elle divorce et se recompose, elle est mue par des liens qui se construisent plus qu'ils ne s'imposent de fait. Ce sont peut-être ces *liens à construire* autour d'une *finalité à définir* et d'un *sens à circonscrire*, qui conféreront demain, aux entreprises familiales qui y seront sensibles, d'être davantage encore solides et performantes. L'exigence d'une responsabilité sociétale réelle, l'exigence d'une cohérence des comportements – ceux des actionnaires et celui de l'entreprise –, l'exigence d'« entendre » les souhaits des salariés, des clients et du marché, peuvent faire lien et même communion entre les actionnaires familiaux. Et peut-être trouver dans le statut d'entreprise à mission matière à fédérer cette dynamique et à aider chaque actionnaire familial à résoudre, au fond de lui, cette double question clé : « Quel est mon but ultime d'actionnaire ? Quelle est ma raison d'être d'actionnaire ? »

Avril 2021

Face à la tyrannie sécuritaire, cultiver le risque

Les débats des élections régionales et départementales 2021 ont été dominés par un sujet pourtant étranger aux compétences de ces collectivités : la sécurité – preuve que le scrutin local a été l'otage du grand rendez-vous national de 2022. La centralité de ce thème, qui confine à l'obsession, la crise pandémique l'a exacerbée dans la conscience des Français… et des entreprises. En filigrane, c'est la culture même du « risque », cardinale dans la stratégie darwinienne d'adaptation, qui est questionnée. Or sans risque, il n'y a pas de vie. Ni humaine, ni d'entreprise.

Les élections régionales et départementales 2021 n'ont pas failli à la règle : comme toujours les stratégies politiciennes ont confisqué les plateaux TV et radio, et obstrué la lisibilité des programmes et la connaissance des projets. À dix mois de l'échéance présidentielle, le scrutin régional a été réduit à un tour de chauffe, à un *round* d'observation, manquant une nouvelle fois l'occasion de porter le débat public au niveau espéré : positionner la légitimité et le périmètre de compétences des Régions dans une organisation administrative gangrénée par le tropisme centralisateur et tentée par la stratégie de métropolisation. Certes, à la faveur de la pandémie de Covid-19, l'utilité des Régions s'est davantage affichée, et d'ailleurs, d'Auvergne-Rhône-Alpes aux Hauts-de-France, de la Nouvelle-Aquitaine à l'Île-de-France, la « prime au sortant » s'est largement appliquée.

Mais c'est sur le terrain des programmes et des déclarations des candidats que l'asservissement du scrutin régional au « grand » rendez-vous d'avril 2022 a été le plus spectaculaire. En effet, a trôné parmi les principaux sujets l'un de ceux qui concernent le moins les Régions : la sécurité. Cherchez l'erreur… La sécurité a fait irruption dans la campagne parce que la menace Rassemblement national la propulsera au premier rang du débat public dans les prochains mois. Selon un récent sondage Ifop, 70 % des Français positionnent le thème parmi les plus prioritaires ; au printemps précédent, au cœur du premier confinement, ils étaient « seulement » 46 %. Lequel, de la *réalité de l'insécurité* et du *ressenti d'insécurité* – largement colporté par certains médias, notamment les chaînes d'informations en continu –, dicte cette tendance ? Difficile d'y voir clair. Mais après tout, peu importe. Il est un fait, en revanche, indiscutable : l'effroi pandémique a plongé dans la peur, et donc dans l'insécurité, toute la société. Une insécurité polyforme : sanitaire, économique, sociale, financière, aussi bien pour soi qu'à l'égard de ses proches, de toute la nation et même de la planète. Le terreau des « hérauts » de la sécurité n'a sans doute jamais été aussi fertile, et c'est en conscience de ce contexte particulièrement favorable à Marine Le Pen que le chef de l'État a engagé un tour de vis sécuritaire.

Sanitaire, économique, sociale, financière : cette insécurité plurielle n'épargne bien sûr pas les entreprises. Et les circonstances mettent à l'épreuve bien plus que leur sécurité : leur conception de la sécurité, leur rapport à la sécurité. Leur culture de la sécurité.

À l'insécurité factuelle – arrêt d'activité et suspension des flux commerciaux, dont ont pu résulter, dans un enchaînement incoercible, chute du chiffre d'affaires, chômage des salariés, trous de trésorerie, impayés, etc. –, l'État français a répondu par un arsenal de dispositifs (PGE, chômage partiel, aides selon les filières, etc.) qui le placent parmi les pouvoirs les plus réactifs et généreux. Si la population a confiné sa colère, ses angoisses ou ses désespoirs et fait preuve de discipline, et si les fondamentaux de l'économie n'ont pas (encore ?) sombré, c'est à cette stratégie que c'est dû. Mais d'autres dangers de sécurité ont fait leur apparition et ont profité du contexte. Certains sont palpables : c'est le cas du fléau des cyberattaques, qui a bondi depuis le début de l'année 2020, autant par le nombre que par la sophistication des méthodes criminelles. D'autres ne sont pas visibles. Ils ne sont pourtant pas moins mortifères pour l'avenir des entreprises. Le principal d'entre eux est que la culture du risque s'affaisse.

Replongeons-nous quelques années en arrière. Février 2005 : le Parlement inscrit dans la Constitution la Charte de l'environnement, et donc le « principe de précaution ». Celui-ci était né, quelques années plus tôt, au carrefour des droits de l'environnement et de la santé saisis par la multiplication de drames ou de menaces (sang contaminé, vache folle, OGM, etc.). Qui pouvait alors contester l'utile injonction d'« agir de façon que les effets de notre action soient compatibles avec la permanence d'une vie authentiquement humaine sur terre » ? Personne. Mais personne ne soupçonnait alors les dégâts collatéraux de cette constitutionnalisation, qui allaient s'enflammer avec la progression complice d'un autre fléau : la judiciarisation de la société. La porte s'entrouvrait alors, imperceptiblement, à la « peur du risque ». Et la contagion affectait tous les niveaux de la vie économique : dans les administrations, dans les entreprises de toutes tailles, chez les artisans, à l'encontre des médecins, dans les associations... Au final, dans l'ensemble des relations sociales.

L'insécurité appelle, mécaniquement, la sécurité ; or, dans un même mouvement, le risque, s'il est vécu comme une peur, appelle le *rejet du risque* – et non plus la *maîtrise du risque*. « S'adapter ou périr » : le paléoanthropologue Pascal Picq, illustrant par ce propos les principes cardinaux du darwinisme, démontre que s'adapter est une obligation proportionnée à l'ampleur de la crise, qui affecte aussi bien le citoyen que le travail, la démocratie que l'entreprise. Or cette dynamique, vitale, réclame une part de risque, elle aussi proportionnée. Après ces longs mois de tétanie, de sidération et d'effroi, après cet interminable tunnel sous lequel nous avons appris à devoir nous protéger de « tout », y compris de nos proches, après ces semaines de débat hystérique sur le « risque » des vaccins, bref, depuis que chacun se trouve encellulé dans la peur du risque, comment les entreprises vont-elles cultiver ou réveiller le goût du risque ? Comment, c'est-à-dire à quel rythme, selon quelles méthodes et avec quelles garanties ?

La « capacité de risque » d'une entreprise résulte de celle qu'elle confère à ses salariés. Plus précisément, l'entreprise engage les « bons risques » lorsqu'elle permet, stimule et encadre la prise de risque au sein du corps social. Ce qui exige – et c'est souvent là que le bât blesse – que la responsabilité du « risque qui échoue » soit équitablement partagée, et donc une culture positive et même vertueuse de l'échec. Car sinon, quel individu est assez sot pour initier un risque au profit de l'entreprise s'il se sait puni ou en disgrâce en cas d'échec ? L'approche d'une « juste » sécurité est consubstantielle de celle du « juste risque ». Cette conception équitable et responsable du risque figure parmi les items les plus complexes à « faire vivre » au sein de la politique des ressources humaines. Laquelle, sur ce registre en particulier, découle de l'exemplarité des actes au sommet de la gouvernance décisionnelle.

Parce que nos rapports intimes au risque et l'exercice politique du risque ne sortent pas indemnes de l'épreuve pandémique, il est à redouter que l'ensemble des parties prenantes de l'entreprise – dirigeants, actionnaires, salariés, fournisseurs, financiers (en premier lieu banquiers), investisseurs – appliquent une rétivité similaire. C'est peut-être à établir un nouveau « cadre du risque » que l'exécutif devrait s'employer en priorité. Pour que l'exigence « normale » de sécurité ne se commue pas en obsession sécuritaire. Ni en lente dérive liberticide. Le combat que la démocratie doit livrer à la tentation ultrasécuritaire cultivée avec succès par l'extrême droite et la droite extrême n'a pas pour seul terrain les institutions représentatives, pour seuls belligérants les membres du cénacle politique et pour seul objet la délinquance ; c'est aussi dans l'entreprise qu'il doit être mené. La vie – et donc celle de l'entreprise – « est » intrinsèquement risque, il faudrait ne pas l'oublier.

Mai 2021

Collection Pinault, l'illusion de l'altruisme

La Collection Pinault vient d'ouvrir ses portes. Elle arrache des louanges unanimes. Ou presque. Car ce qu'elle symbolise sous l'écorce d'un édifice et d'une collection spectaculaires est révélateur d'une époque où rien, absolument rien, n'échappe à la tyrannie de l'intérêt – égotiste et spéculatif. La « Bourse de commerce » n'a peut-être jamais aussi bien porté son nom.

Bien sûr, il faut se rendre à la Collection Pinault, qui a ouvert ses portes le 22 mai. Découvrir d'abord la réhabilitation de cette Bourse de commerce, confiée à Tadao Ando. Au centre, un vaste cercle de béton brut, au sommet duquel se déploie une fresque circulaire de 140 mètres de long, accueille le visiteur, qui ensuite peut déambuler dans les coursives latérales. Là, les murs et les sols, d'un blanc immaculé et d'une juste sobriété, mêlant courbes et panneaux rectilignes, hébergent les collections. Des installations, des peintures, des sculptures, façonnées dans la sensibilité et les mains de Doig, Cahn, Schütte, Stingel, Hammons, Raysse, Sherman, et bien d'autres. Des œuvres exceptionnelles ? Arrivistes ? Audacieuses ? Vides ? Des œuvres qui procurent une foudroyante émotion ou une glaciale impression ? Des œuvres pour « dire » – peu ou beaucoup –, qui souhaiteraient (ou non) dire, auxquelles on voudrait (ou non) faire dire... À chacun de se faire une opinion, et l'objet de cette chronique n'est pas d'établir une critique artistique.

La naissance de cette collection est *riche* – ou *lourde*, selon l'interprétation qu'on lui confère – de symboles. En l'occurrence, il ne s'agit pas de mettre en doute le goût de François Pinault pour l'art contemporain – il est incontestable, et sa présence à Venise au Palazzo Grassi et à la Punta della Dogana, également dédiés à la présentation de sa collection, n'est pas soudaine –, mais plutôt d'examiner la démarche du fondateur du groupe Kering (12,7 milliards d'euros de chiffre d'affaires 2020, propriétaire des marques Yves Saint Laurent, Gucci, Balenciaga, Boucheron, etc.) dans la perspective de l'époque. Celle-ci, en écho à l'Art, quelle est-elle ? Ligotée à un tropisme mercantile tentaculaire, elle honore le narcissisme, l'exposition des richesses, l'exhibition de ce dont on est propriétaire. Elle est – pour partie – technologisme et adversités, impostures et vaines provocations, elle est spectacle permanent, elle se veut également utilitariste. Le terrain de jeu des émulations est planétaire, la mise en lumière est planétaire, la conquête des nouveaux territoires est planétaire – et même, désormais, au-delà de la planète : dans le ciel. Un maître-mot détermine l'époque : intérêt. Rien n'est désintéressé. Tout est à servir, coûte que coûte, l'intérêt. L'intérêt de l'ego comme celui du portefeuille.

Cette doctrine de l'intérêt est centrale dans le monde de l'art contemporain : ni l'aréopage des collectionneurs ni celui des créateurs n'y échappent. Parmi les premiers, d'aucuns suscitent et exploitent la collusion de leurs intérêts entrepreneuriaux et artistiques, ils se livrent une course au « sensationnel » qui révèle leur vanité et doit incarner leur puissance. Quant aux seconds, certains ont succombé aux mêmes travers, et composent pour séduire et vendre, là aussi dans une entente informelle redoutable : l'intérêt pécuniaire du cédant et celui de l'acheteur sont entremêlés, indissociables, établissant un indécent lien de subordination et même de servitude – autant créatrice qu'humaine – des artistes aux collectionneurs. Et vice versa : car quel prestigieux collectionneur a intérêt à l'effondrement des cotes d'un Hirst ou d'un Murakami qu'il a portées au firmament à coups d'acquisitions savamment médiatisées ?

Ainsi, lorsque quelque milliardaire s'est fait préparer par une armada de « conseillers » – artistiques et financiers, surtout fins connaisseurs des arcanes du « marché de l'art » – un choix d'œuvres et qu'il se détermine en quelques minutes sur l'une d'elles, on peut se sentir loin de la démarche éclairée, passionnée, authentique, de l'amateur. François Pinault serait propriétaire de dix mille œuvres ; quiconque est amateur et collectionneur « tout entier » dans une approche humaine et artistique exigeante, c'est-à-dire lente, pugnace, parfois laborieuse et déceptive, de l'art, s'interrogera si cette dernière est compatible avec une accumulation aussi gargantuesque. Il se demandera aussi où situer l'intérêt de posséder des œuvres avec lesquelles on n'a ni le temps ni l'espace d'engager la rencontre. Aimer l'art, c'est aimer être en présence de l'œuvre.

Qu'on est loin d'un Antoine de Galbert qui, en 2004, fonda – et dix-huit ans plus tard ferma – la lumineuse Maison rouge à la Bastille. Là, Soutter, Gabritschevsky ou Zonder s'offraient au visiteur par la grâce d'un découvreur habité et généreux, obsédé par l'œuvre et l'artiste. Oui, un fabuleux découvreur, à qui l'on doit par exemple la révélation posthume de l'envoûtante et intimiste Ceija Stojka, rescapée du génocide rom et des camps de la mort nazis. Un collectionneur effacé derrière ceux qu'il exposait, un collectionneur tout entier dans le *contenu* – quand d'autres ont compris que le *contenant*, c'est-à-dire le spectacle architectural, participe à valoriser autant leur vanité que leur image publique et la curiosité des visiteurs profanes, tous consommateurs des marques de luxe qui ont fait leur renommée et leur fortune. La « Bourse de commerce » n'a peut-être jamais aussi bien porté son nom. Mais alors, si c'est le cas, de quels termes faut-il baptiser la pharaonique fondation LVMH sise au bois de Boulogne et propriété de l'éternel rival, dans l'industrie du luxe comme dans l'art, Bernard Arnault ?

Toutefois, n'est-il pas injuste de critiquer ces collectionneurs, qui ont le « mérite » de bâtir en France, de consacrer une partie de leur fortune à soutenir la création artistique, d'ériger des lieux d'exposition (en partie) avec leurs propres deniers ? Ne font-ils pas preuve d'altruisme ? Leur « dévouement » n'est-il pas utile pour combler l'appauvrissement économique des musées publics ? Et après tout, en quoi diffèrent-ils des grands mécènes de la Renaissance italienne et française, les Arti, d'Amboise et Médicis sans cesse louangés ? Questions légitimes et fondées – nonobstant les leviers fiscaux qui atténuent d'emblée la dimension supposément généreuse voire sacrificielle et héroïque de leur démarche – qui réclament, pour y répondre, de faire une digression.

Celle-ci a pour théâtre la musique. Celle dite « classique », qui année après année enregistre l'érosion de son auditoire. Quiconque a pour joie de se rendre dans les salles de concert, anonymes ou célèbres, écouter un trio de Schubert, un concerto de Schumann ou une *Polonaise* de Chopin, constate une moyenne d'âge canonique. La popularité de cette musique décline irrépressiblement, et dans ce sillage tout un ensemble d'expressions en pâtit : festivals, écoles dédiées, fabrication d'instruments, cursus d'enseignement (de musiciens comme de professeurs), formation d'orchestre, etc. Cette lente « décroissance » de la filière, couplée aux catégories d'âge qui la désertent, disqualifie la « grande musique » auprès des partenaires économiques, institutionnels… et des mécènes. Le combat, merveilleux mais épuisant, ou plutôt l'œuvre musicale et entrepreneuriale que le chef « wagnérien » Daniel Kawka mène inlassablement, au nom de « l'émerveillement et des vibrations de l'âme », au nom aussi d'une « mission de vérité, de liberté », pour convaincre les mécènes de l'aider à donner vie à ses orchestres et festivals (dernier en date : le Léman Lyriques Festival), en est l'illustration.

Ces mécènes sont plus que jamais capitaux pour maintenir « vivants » Beethoven et Haydn, Rachmaninov et Berlioz. Or ils sont cruellement peu présents – et en cela se distinguent de leurs aïeux qui affectaient leurs dons aussi bien à l'atelier de Caravage qu'aux partitions de Vivaldi. À quoi cet abandon est-il dû ? À l'âge des « jeunes » mécènes, adeptes – et comment leur en faire reproche ? – des tendances musicales de leur époque. À des intérêts artistiques ou ludiques contaminés par la technologie, l'immédiateté et l'impatience. Mais, surtout, à la nature même de l'œuvre soutenue. En effet, à l'heure où la tyrannie de l'intérêt a travesti l'action de mécénat, que faut-il privilégier entre une œuvre « matérielle et pérenne » (tableau, sculpture) et une œuvre « immatérielle et éphémère » (concert, festival) ? La première, bien sûr. Car elle est spéculative, elle a vocation à « profiter », elle assure à son propriétaire un probable « retour sur investissement ». Il est bien plus rentable pour un mécène d'acquérir un Koons – et, ainsi que s'y emploie astucieusement la Collection Pinault, de le prêter à des musées nationaux comme, actuellement, le MUCEM – que de financer le festival de La Roque-d'Anthéron. Surtout lorsqu'il possède *contenant* et *contenu*, le premier servant de vitrine à la valorisation du second. Eh oui, tout, absolument tout est intérêt.

Juin 2021

Lafarge-Holcim, le malaise

Simultanément en mai, le groupe suisse Holcim se débarrassait de l'encombrante image de son « conjoint » français Lafarge, et Najah Albukai exposait ses fascinants dessins et gravures dans deux galeries à Paris. Le lien ? La Syrie. Là où le groupe cimentier a fomenté une indicible collusion avec les groupuscules djihadistes et, plus tôt, s'était parfaitement acclimaté au régime despotique de la famille Al-Assad. Là où l'artiste, « coupable » d'aspirations démocratiques, a subi la torture dans les effroyables geôles du tyran alaouite. Son œuvre veut « témoigner ». Elle atteint son but, car elle éclaire, subconsciemment, sur le supportable et l'intolérable de la Realpolitik.

Oh, l'annonce n'a pas fait la une de la presse. Qui pouvait-elle bien préoccuper ? Et, surtout, étonner ? Le 4 mai, l'assemblée générale de Lafarge-Holcim votait la disparition du patronyme Lafarge, confiné depuis à une simple marque commerciale, au profit d'une nouvelle raison sociale sobrement baptisée… Holcim. Une étape de plus dans l'effacement du français Lafarge depuis son mariage en 2015 avec le Suisse, un mariage vendu alors comme égal et qui, très vite, révélera un profond déséquilibre des rapports de force au sein de la gouvernance – autant actionnariale qu'opérationnelle – en faveur du plus petit des contractants, le cimentier helvétique.

Définitivement enterrée donc, la culture managériale et sociale singulière de Lafarge, enracinée dès le XIXe siècle dans un sillon catholique et paternaliste assumé, une exigence éthique et une sensibilité à la responsabilité qu'Olivier Lecerf (1974-1989) et Bertrand Collomb (PDG puis président du conseil d'administration entre 1989 et 2007) successivement s'efforceront de consolider en les adaptant au nouveau contexte de mondialisation. Une sensibilité à la responsabilité qui conférera à ce dernier, conscient des dégâts environnementaux considérables provoqués par l'activité de cimentier, d'engager très tôt le groupe sur la voie de l'innovation et de la RSE.

Enterrée aussi, à travers l'éradication du patronyme Lafarge, la « tache » qui a éclaboussé et même déshonoré l'image et la réputation de l'entreprise. En 2016, une enquête du *Monde* révélait des liens entre la filiale syrienne du groupe, Lafarge Cement Syria, installée à Jalabiya, et les groupuscules djihadistes État islamique et Front Al-Nosra (affilié à Al-Qaïda)[1]. L'objectif était de conserver l'activité dans cette région du nord de la Syrie qui avait échappé au contrôle central de Damas, et de contourner l'embargo sur le transit de marchandises dicté par l'Union européenne en 2011. Une enquête, cette fois interne, de Lafarge conduite en 2017 établit à 13 millions d'euros le montant des subsides accordés aux groupes terroristes pour prix de leur connivence. Une « tache », ou plutôt un opprobre et une déflagration qui vaudront à Lafarge d'être poursuivi pour « financement d'une entreprise terroriste, mise en danger

1. « Comment le cimentier Lafarge a travaillé avec l'État islamique en Syrie », *Le Monde*, 21 juin 2016.

de la vie d'autrui, violation d'un embargo », et même pour « complicité de crimes contre l'humanité » – ce dernier volet fut annulé en 2019 par la cour d'appel de Paris au fragile et bienvenu motif de l'insuffisance de preuves… avant que la Cour de cassation ne réhabilite le premier jugement le 7 septembre 2021 !

Mais l'examen du comportement éthique de Lafarge en Syrie – et les leçons universelles qui peuvent en être extraites – doit dépasser cette indigne infraction. En effet, auparavant, c'est-à-dire avant le début du soulèvement populaire en février 2011 dans les rues de la capitale, Lafarge exploitait, en toute impunité et confortablement, les carrières locales, alors que le régime dictatorial d'Hafez puis de son fils Bachar al-Assad était déjà l'un des plus inhumains. Or, avant que ne surgisse l'ineffable collusion du groupe avec les djihadistes du groupe État islamique et d'Al-Qaïda, qui s'offusquait que le cimentier collaborationniste prospère pendant que « Bachar », à partir de 2011, multipliait les exactions, terrorisait la population, massacrait les civils, déversait les armes chimiques sur les enfants, réprimait les manifestants pacifiques, torturait les opposants ? Et instrumentalisait la communauté internationale en favorisant lui-même le déploiement des organisations islamistes, devenues son plus sûr bouclier face aux volontés américaine et européenne de le destituer ?

Il s'appelle Najah Albukai. Ce 9 juin, je sors de son atelier, réduit à une simple table dans son modeste appartement de la lointaine banlieue parisienne, où il m'a reçu autour d'un généreux petit déjeuner. Quelques jours plus tôt, j'ai découvert son œuvre, exposée successivement chez

Fait et Cause puis à L'Œil vert. C'est à recevoir un « coup de poignard » sensoriel, une foudre émotionnelle, que le spectateur peut s'attendre lorsque ses yeux, son cœur et son âme font la rencontre de ces dessins, aux supports parfois sommaires, et de ces gravures. En 2018, *Libération* lui avait consacré sa couverture et un long reportage[1], et trois ans plus tard c'est au tour de Philippe Dagen d'honorer dans les colonnes du *Monde*[2] ce disciple de l'œuvre narrative et brute, déchirée et déchirante, relatant la terreur de l'emprisonnement, de la guerre, des tortures, de l'isolement, de l'entassement. Et la mort, cette mort que peut décider, à chaque instant, un geôlier zélé, un taulard imprévisible, ou tout simplement l'épuisement, la maladie. Najah Albukai dessine l'innommable, l'insupportable, l'irrespirable, cette nuit interminable que l'Occident fait depuis dix ans le choix de nier. Les corps sont nus et décharnés, ils sont ligotés et battus à même le sol, ils sont écrasés, mutilés ou disloqués, selon les méthodes de torture, ils sont encellulés et agglutinés comme l'étaient les *Untermenschen* au temps de la barbarie nazie. Les regards sont hagards, ils semblent résignés et impavides, ils exécutent les tâches, ignobles, ordonnées par les matons. Ils ne crient plus, sauf lorsque la douleur déclenche par réflexe physique un hurlement qui n'espère ni aide, ni pansement, ni compassion.

On ne sait pas s'ils veulent encore la vie ou s'ils réclament d'être libérés de la vie. On ne sait s'ils possèdent encore les

1. Luc Mathieu et Hala Kodmani, « Torture en Syrie : la mort pour dessein », *Libération*, 12 août 2018.
2. Philippe Dagen, « Exposition : Najah Albukai, le Goya de l'horreur syrienne », *Le Monde*, 29 mars 2021.

ressorts d'humanité nécessaires pour échapper à l'inhumanité à laquelle les destinent les tyrans qui contrôlent le redouté « centre 227 » – dans lequel les os et l'esprit de Najah Albukai endureront soixante-dix jours de calvaire. On ne sait où, dans quoi, auprès de qui, ces suppliciés noircis sur les feuilles blanches de ses carnets puisent les ultimes ferments de leur résistance. Comment demeurer humain quand chaque instant est consacré à être déshumanisé ?

Ces dessins, ces gravures, sont une fulgurance qui arrache le silence, une éruption qui convoque le recueillement, mais aussi une réalité qui sécrète la colère, comme l'inspirèrent avant lui Francisco de Goya [1746-1828] dans sa série de quatre-vingt-deux gravures *Les Désastres de la guerre* (d'indépendance espagnole), ou, bien plus tard, d'Otto Dix [1891-1969] à Félix Nussbaum [1904-1944], d'autres illustres peintres « témoignant » de l'horreur crue des deux guerres mondiales. Comme, près de quarante ans après son retour du camp d'extermination nazi de Dachau, Zoran Mušič [1909-2005], dans sa série iconique de dessins *Nous ne sommes pas les derniers*.

Najah Albukai est syrien. Né à Homs, cinquième de sept enfants, élevé par des parents ouverts aux arts, il a aujourd'hui cinquante et un ans. Cet ancien élève de l'École damascène des beaux-arts, qui étudia également à celle de Rouen, était professeur de dessin à la faculté de Damas. Lorsqu'en 2011 frémissent les premiers mouvements de protestation contre le pouvoir, il ne réagit pas. C'est après l'annonce du « cinquante-cinquième décès » – « Pourquoi à ce moment-là ? Je l'ignore toujours », confie-t-il – qu'il décide de rejoindre la foule et d'arpenter les rues, pacifiquement. Stimulé par la dynamique qui bouleverse l'échiquier politique régional et lézarde le socle despotique de la Tunisie à l'Égypte, il a pour modeste et juste désir de porter sa voix dans le chœur chaque jour plus bruyant des aspirations à la démocratie. Il est repéré « malgré lui » comme un leader, et s'ensuivent alors jusqu'en 2014 plusieurs embastillements, certains d'une indicibilité indescriptible. Sa mise en liberté et sa fuite vers le Liban en 2014 seront financées grâce à la mobilisation de sa famille et à la cupidité d'officiers syriens assoiffés de pots-de-vin. Dès son arrivée à Beyrouth, escorté des deux « passions de [sa] vie », sa fille Nadia et sa femme Abir – inoxydable soutien, incorruptible compagne de route, hier professeur de français à Damas et aujourd'hui reconvertie comme ouvrière spécialisée dans le métal –, il prend un crayon et dessine, dessine, dessine sans interruption, sans doute pour exorciser l'innommable, certainement pour témoigner.

L'histoire et l'œuvre de Najah Albukai projettent, de manière subliminaire, sur l'histoire et… l'œuvre d'Holcim une lecture nauséabonde. Un malaise. Toute entreprise mondiale est en permanence confrontée à des tensions et à des arbitrages éthiques complexes lorsqu'elle fait le choix d'investir (dans) des territoires non démocratiques. Total, toujours bien présent dans la Birmanie fossilisée depuis le 1er février 2021 par un coup d'État militaire, en fait – une nouvelle fois – l'expérience. Le cas de Lafarge est éloquent. Quiconque connaissait Bertrand Collomb savait la conscience morale et l'exigence éthique indiscutables qui le caractérisaient, mais qui ne purent faire barrage à l'implantation de son groupe dans l'un des pays les plus tyranniques du globe. Toutefois, il n'est jamais trop tard. En matière de *Realpolitik*, les frontières séparant le tolérable de l'intolérable se déplacent, sous la pression des consommateurs, des salariés, et même des investisseurs. Si l'œuvre de Najah Albukai parvenait aux yeux du management décisionnel, du corps social, des actionnaires d'Holcim – et de toute entreprise engagée dans les territoires aux régimes totalitaires –, peut-être aurait-elle un effet. Elle serait alors un témoignage qui aurait atteint son but : *servir*.

Juin 2021

Edgar Morin, le patron

Le 8 juillet étaient célébrés les cent ans du sociologue et philosophe Edgar Morin. Sa pensée et sa voix, ses travaux et ses engagements illuminent la conscience des hommes et l'exigence d'humanité. Ils éclairent aussi l'entreprise : sur ses fourvoiements et ses agissements, sur ses raisons d'être et de faire, sur ses responsabilités et ses devoirs. L'entreprise destructrice de civilisation peut être réparatrice et réconcilier tous ceux – hommes, air, eau, terre, espèces animales et végétales, ressources naturelles – qu'elle a désunis et martyrisés. À condition d'écouter Edgar « Nahoum » recenser les trésors – de la complexité à la diversité, de l'incertitude à la solidarité – et décortiquer les poisons du « mauvais » et dystopique capitalisme – tyrannie du chiffre, consumérisme, cupidité, injustices. Il appelle à « changer de civilisation », et à cette quête cardinale toutes les entreprises sont convoquées. Charge à elles de choisir leur camp : celui des ténèbres ou celui de la lumière. Lettre au « boss ».

Mon cher Edgar,

Ce 8 juillet, *tu* fêtes et *nous* célébrons ton siècle de vie, cent années de plusieurs vies au cours desquelles tu as semé, combattu, résisté, infusé, conceptualisé, bâti, essaimé au profit de nos consciences, plus précisément afin que nos consciences s'éveillent ou se réveillent, coagulent, fraternisent, s'humanisent et humanisent. Il est impressionnant que ta pensée ait à ce point irrigué les âmes sur la planète entière. Elle a en effet traversé les époques, déjoué les murailles culturelles, dompté les obstacles communicationnels, contourné les herses politiques. Pour cela, elle a creusé un sillon universaliste, dans lequel paysan colombien, sociologue éthiopien, médecin indien, artiste chilien, prisonnier chinois, ouvrier français, ont récolté un trésor : la force pour résister, les ferments pour entreprendre, les raisons d'espérer.

Cette pensée, cette voix, sont-elles parvenues jusqu'aux acteurs de l'économie et de l'entreprise ? Il n'est aucun doute, si l'on s'en tient à la femme et à l'homme qui te lisent et t'écoutent ; mais l'évidence se dissipe lorsque cette femme ou cet homme endossent leur uniforme de banquier d'affaires, de fabricant d'armes, de spéculateur, d'analyste financier, ou plus simplement de patron ou de manager. Soit qu'ils ne saisissent pas l'interprétation « professionnelle » qu'ils pourraient faire de tes travaux, soit qu'ils ne veulent ou ne peuvent pas l'envisager. Pourtant, quelles leçons ! Voilà pourquoi, par cette tribune, il m'est heureux de porter auprès de la communauté des décideurs quelques-uns des enseignements de ton cheminement intellectuel et éthique.

Tu es le penseur de la *complexité*. La complexité appréciée comme une *réalité* et un *trésor*. La *réalité* de ce que chacun de nous *est*, la réalité de chaque item composant l'organisation de la vie – oscillant de l'amour à l'éducation, du travail aux amitiés, de l'art aux relations sociales, de la politique à la spiritualité. Et un *trésor* : elle met en lumière la singularité et l'insubordination, la diversité et la subversion, productrices de créativité ; elle libère l'émotion, l'exigence, l'empathie et l'émancipation, qui pavent l'accomplissement de soi ; elle est un gisement inépuisable d'opportunités, d'explorations insensées, de surprises bouleversantes.

La complexité est donc une *réalité* et un *trésor*. Les décideurs aux rênes des entreprises ou des systèmes économiques ont depuis longtemps admis cette *réalité*, mais pourquoi la plupart d'entre eux s'emploient-ils à en nier ou à en anéantir les *trésors* ? Les tyrannies de la simplification, de l'uniformisation, de l'immédiateté, commandent les process, et elles constituent un redoutable poison pour la reconnaissance de la complexité. La complexité de *soi* et la complexité du *monde* sont consubstantielles et insécables : esquiver l'une, c'est se soustraire à l'autre. Au final, pour ce qui concerne l'entreprise, c'est éluder ses (nouvelles) responsabilités.

Mesure-t-on bien, dans les entreprises, les dégâts que provoquent, sur la « qualité » des métiers et des fonctions exercés, les organisations absconses et rigides ? l'entrelacs des « divisions », « départements », « services », « *business units* » et autres « matrices » – fonctionnelles, métiers, géographiques – ? les méandres obscurs, « politiques » et incompris, des lieux de décision ? Considérer la complexité, c'est abolir les silos, c'est démanteler les cloisons, c'est favoriser toutes les formes d'hybridation, c'est cultiver la transdisciplinarité, c'est contenir les excès d'hyperspécialisation : c'est donc adopter une organisation qui ne fossilise plus l'initiative et la « co » (-llaboration, -élaboration, -opétition, -construction, -innovation, etc.). Edgar, tu as développé une éthique, lumineuse, de l'*incertitude*, qui fait écho à l'exigence ci-dessus. Toute existence est incertitude, l'incertitude peut être formidable richesse, l'incertitude est nourricière – pour entreprendre et créer –; or y a-t-il plus redouté dans l'entreprise, en premier lieu par les détenteurs de capitaux, que l'incertitude, qui questionne la relation au risque, au doute, à l'échec?

Aborder son organisation dans le sens de cette transdisciplinarité, de ce décloisonnement, de cette incertitude féconde, de ce « co » clé de voûte, somme l'entreprise d'admettre qu'elle grandit si elle est un espace de débats d'idées, de diversité des expériences, de confrontation des convictions, et bien sûr de variété des profils. Un panorama qui soit aussi le reflet de la société à laquelle elle s'adresse – pour recruter, innover, produire, vendre. L'endogamie des origines sociales et éducationnelles est un venin qui ronge la tête et le corps de toute organisation, administration publique comme entreprise privée. Ainsi, en droite ligne de tes recommandations, Edgar, sont convoqués l'architecture et le fonctionnement de la gouvernance, dans le sens d'un partage des pouvoirs propice à l'éclosion et à la diffusion d'une *diversité* – là encore – de savoirs et d'expertises.

Espérer réenchanter l'*humanité des hommes* réclame, dis-tu, de combattre la dictature du *chiffre*. Qui oserait te contredire? Absolument *tout* est quantifications, classements, hiérarchie, bilans, tableaux de bord, reportings. Et maintenant, sous le joug de l'uberisation, notations. Normal, finalement, puisque *tout* de l'époque est marchandisation. Ainsi, quoi qu'il fasse dans son existence de travailleur, de consommateur, de sportif, de créateur, l'individu est réduit à des chiffres. Cela débute dès l'école primaire. Or comment considérer l'individu dans son individuation, dans ce qui fait sa « raison d'être » et ses « raisons de faire », s'il est perpétuellement estimé par des nombres ? Avec la loi Pacte, les entreprises ont commencé – sur une large échelle de cynisme et de véracité, d'opportunisme et d'authenticité – de s'intéresser, enfin (!), à leur propre « raison d'être », celle qui est susceptible d'aider le corps social et l'ensemble des parties prenantes à conférer une « raison de faire » à ce qui est inventé, fabriqué, commercialisé ; le *sens* que *je* et *nous* prospectons, le *sens* susceptible de réunir les personnes physiques et la personne morale, sont à cette condition. Mais une condition elle-même soumise à une condition : l'entreprise doit (se) penser en se déligotant des menottes du chiffre. Encelluler la contribution des salariés dans des tableaux Excel et de sordides contingences mathématiques et algorithmiques, inféoder la politique managériale à de froids schémas d'évaluation quantifiés, subordonner la « valeur » d'un collaborateur à des numéros, c'est déshumaniser l'individu. C'est donc renoncer à faire de l'entreprise un espace d'épanouissement individuel et d'accomplissement collectif.

Bien d'autres champs encore que tu explores depuis huit décennies – et j'y inclus l'action de « résistance » que tu as ensemencée dans les maquis de la Seconde Guerre mondiale et qui jamais, depuis, n'a fané ni même ne s'est affadie – mériteraient d'être traités à l'aune de l'économie et de l'entreprise. Je peux citer, pêle-mêle, l'évolution du capitalisme et du libéralisme, la justice sociale, les ferments de la solidarité, l'enseignement émancipateur, les conditions du Progrès, etc. L'espace me manque, cher Edgar. Je retiendrai au final celui, peut-être quintessentiel, des responsabilités, j'oserais même : des devoirs, des entreprises.

Le temps de la dichotomie entre les « affaires humaines » d'un côté et la « nature » de l'autre, le temps de l'étanchéité des responsabilités lorsque la cause de l'environnement était déléguée au « politique » est révolu. Cette réalité s'impose à toute la société, et notamment aux entreprises. Il faut s'en réjouir, car seule son adoption peut espérer freiner voire endiguer le dépérissement de la planète du vivant. Une lame de fond a commencé de prendre forme, et la crise holistique du Covid-19 – sanitaire, économique, sociale, (géo)politique – la stimule formidablement. Clients, salariés, prestataires, institutions publiques, État, et même, dans une moindre mesure – c'est-à-dire dans une mesure toujours empoisonnée d'impudeur et de répression – l'aréopage des investisseurs et du marché financier, inoculent dans cette lame de fond une force irréversible, à laquelle ses contempteurs et ses adversaires auront de plus en plus de difficultés à résister.

Dans la course contre la montre que se livrent d'un côté les entreprises réactionnaires, de l'autre l'embrasement du climat et la désagrégation de la biodiversité et de l'ensemble des espèce vivantes (dont humaines), rien n'indique qu'il soit possible de « gagner » cette lutte et d'effacer le spectre dystopique sans recourir à un tsunami systémique. La révolution des consciences peut-elle s'épargner une révolution politique ? Je l'ignore. Mais j'ai une certitude : l'entreprise pyromane peut se révéler l'entreprise pompier.

Elle est coupable de la décomposition civilisationnelle lorsque l'avidité, la soif d'extraire, de conquérir, d'asservir, de rentabiliser, d'aliéner, l'envahissent. Mais elle est aussi celle qui peut panser les plaies, qui peut réconcilier les « partenaires » – outre l'homme : les ressources naturelles, l'air, l'eau, la terre, les espèces animales et végétales – aujourd'hui désunis. Partout dans le monde des signaux clignotent en ce sens, il s'agit maintenant qu'ils forment un même faisceau. Espérer la « Terre patrie » qui t'est si chère, Edgar[1], est à cette condition. « Il est l'heure de changer de civilisation », avons-nous titré l'un de nos lumineux dialogues[2]. L'entreprise a toute sa part dans cette quête.

Merci, cher Ami, de mettre depuis cent ans ton intelligence et ton humanité au service de *tous*, pour que *chacun* apprenne à consacrer sa propre intelligence à humaniser la communauté des vivants. Puissent les décideurs des entreprises s'en inspirer.

Abrazo !

Juillet 2021

1. Edgar Morin, avec Anne-Brigitte Kern, *Terre-Patrie*, Paris, Seuil, 1993.
2. Edgar Morin, *Le temps est venu de changer de civilisation*, dialogue avec Denis Lafay, La Tour d'Aigues, l'Aube, 2017.

Axel Kahn, un type bien

Le généticien Axel Kahn, décédé le 6 juillet, avait cultivé sa riche et multiple existence dans une exigence et une recherche éthiques exceptionnelles. Inépuisables. Et incorruptibles. Cette quête qu'il investiguait sans relâche ni jamais abdiquer, il la mettait à l'épreuve de « tout » ce qui questionne « la vie bonne et les valeurs qui la fondent »: spiritualité, science, démocratie, politique, guerre, écologie, art, argent, mort… et entreprise, libéralisme, progrès. Trois items au carrefour desquels sa sagacité éclairait nombre de conflits éthiques contemporains. Nul doute qu'il aurait utilement aidé à élucider celui opposant les étudiants de l'École polytechnique à TotalEnergies.

Le conflit n'est pas récent, mais il est d'une vive acuité maintenant que les travaux doivent débuter: le centre de recherche et d'innovation TotalEnergies (ex-Total), sur les terres de Paris-Saclay, auquel s'oppose, depuis 2019, une importante cohorte d'étudiants et d'*alumni* de l'École polytechnique. Des pancartes (« Hypocrisie Total »), des sondages, des pétitions, mobilisent les futurs ingénieurs contre ce projet, au départ sis dans l'enceinte même de leur établissement et finalement déplacé de quelques hectomètres sous la pression. En cause, fulmine une jeunesse bien plus exigeante aujourd'hui sur le « comportement » social et environnemental des entreprises : les défaillances éthiques du géant des hydrocarbures – 19e entreprise « la plus polluante au monde » selon un rapport de l'organisme indépendant Carbon Disclosure Project publié en 2017[1]. Et, concomitamment, une appréhension très lucide des visées du *soft power* et des véritables aspirations du groupe présidé par Patrick Pouyanné, déjà très impliqué dans le financement de la vie associative de l'école : séduire les talents. Lesquels, ne peut plus s'en cacher le successeur de Christophe de Margerie, tournent massivement le dos aux entreprises comme la sienne. Mais le « cas Polytechnique » est singulier : les élèves étant sous statut militaire et soumis au devoir de réserve, quelle limite à leur liberté d'expression sont-ils sommés de respecter ? D'ailleurs, les règles de la prestigieuse école créée il y a deux cent dix-sept ans peuvent-elles encore résister à l'évolution des émancipations individuelles et de la liberté d'expression lorsque celles-ci ont pour objet le bien commun, l'exigence éthique, l'intérêt général ? Le colonel Bertrand Leduc, directeur de la formation humaine et militaire, aura tranché ; selon *Le Monde*, dans un mail adressé fin juin aux étudiants rebelles, il affirme que « la règle du "Je me soumets ou je me démets" s'applique en entreprise comme dans les armées ». Dilemme éthique passionnant. Au discernement duquel « il » aurait apporté une lumineuse contribution.

« Il », c'est Axel Kahn, disparu le 6 juillet. Des domaines questionnant l'éthique, le généticien semble n'en avoir négligé aucun. En l'occurrence, ni celui de

1. *CDP Climate change report 2017, UK edition*, octobre 2017.

l'économie marchande, ni celui de l'entreprise, ni celui du soldat. Son exploration permanente et inépuisable de l'éthique – que nous avions parcourue dans *L'Éthique dans tous ses états*[1] –, le président de la Ligue contre le cancer l'affectait à tous les sujets qui convoquent « la vie bonne et les valeurs qui la fondent », et surtout il savait jongler d'une façon prodigieusement agile avec chacun d'eux pour le mettre en perspective, en résonance ou en confrontation avec un autre. L'« affaire » Polytechnique/TotalEnergies, il l'aurait décortiquée avec délectation, il aurait offert aux parties prenantes un éclairage holistique, argumenté, sans rien omettre des interstices même les plus inconfortables : la condition, en effet, pour émettre un avis dépollué du poison dogmatique et idéologique. La condition pour produire un examen *honnête*.

Honnêteté. Axel Kahn était riche de nombreux attributs : sa dextérité intellectuelle, son savoir – aussi bien artistique qu'historique, scientifique que philosophique –, son énergie, sa générosité et son empathie, sa fidélité et son altruisme, singularisaient son exercice de la médecine et de la recherche (notamment à l'Inserm), ses responsabilités managériales (aux commandes de l'Institut Cochin, de l'université Paris-Descartes et, jusqu'au crépuscule de sa vie, de la Ligue contre la maladie qui l'a emporté), ses aventures politiques, son expérience de marcheur, la trentaine d'ouvrages publiés… et au final irriguaient une « force d'engagement » exceptionnelle que rien ne semblait pouvoir lézarder. Pas même l'incompréhensible « irrationalité » des

1. Axel Kahn, *L'éthique dans tous ses états*, dialogue avec Denis Lafay, La Tour d'Aigues, l'Aube, 2019.

Français face aux vaccins qui l'effrayait et qu'il s'employa, dans son ultime combat, à déconstruire. Mais peut-être, de toutes ces qualités, l'honnêteté – arrimée à la cohérence – était la clé de voûte, parce qu'elle coiffe les plus essentielles lorsqu'on se « risque » à investiguer l'éthique, parce qu'elle décourage toute paresse intellectuelle et morale, parce qu'elle autorise à se revendiquer comme *humaniste*, parce qu'elle oblige à l'*exigence.* Quelques-uns de ses terrains de prédilection constituent un éclairage saisissant du conflit entre TotalEnergies et des étudiants de l'École polytechnique.

Car l'univers de l'entreprise, Axel Kahn le connaissait bien. Il avait exercé les plus hautes fonctions dans des établissements publics et avait collaboré, comme consultant, avec de prestigieuses enseignes privées. Du handicap au management, du traitement de la performance à la hiérarchisation des priorités décisionnelles, là aussi il auscultait avec « raison » et « humanité » – fidèle à la recommandation de son père, Jean, peu avant qu'il ne se suicide : « Sois raisonnable et humain » –, n'omettant pas que « le premier devoir d'un patron, et une condition élémentaire de son approche éthique, est de bien gérer l'entreprise, puisque la nuisance maximale pour les salariés est la faillite de leur employeur ». Toujours l'exigence du *réel* préférée au confort de l'*utopie*, et qui le distinguait de son ami généticien Albert Jacquard [1925-2013] : ce dernier pensait et agissait dans le monde *tel qu'il aurait aimé qu'il fût ;* son confrère, dans le monde *tel qu'il était.*

C'est cette constante recherche d'équilibre entre la rationalité et l'émotion, entre l'analyse et l'espérance, qui conférait au cheminement éthique d'Axel Kahn une telle luminosité. Ainsi, de l'entreprise en particulier et de la société en général, il démontrait que la manière dont l'une et l'autre « prennent soin de *ceux* qui le requièrent » dit « beaucoup » de leur cohésion, de leur santé, de leurs ressorts, et détermine leur véritable « valeur » morale. *Ceux* désignant aussi bien les salariés fragiles que la biodiversité dévastée. À propos de la considération *véritable* des injonctions environnementales, il aimait citer le philosophe Hans Jonas [1903-1993], invitant à « agir de façon que les effets de notre action soient compatibles avec la permanence d'une vie authentiquement humaine sur terre[1] » : un message qui s'adressait autant à l'individu qu'à l'entreprise.

De l'histoire et des propriétés du libéralisme, il était un exégète. Ce libéralisme qui, au XVIIIe siècle, faisait l'accomplissement des plus entreprenants et des plus visionnaires, a étendu, deux cent cinquante ans plus tard, le périmètre de ses bénéficiaires aux plus opportunistes, aux plus cupides et aux plus vicieux. Que le temps d'Adam Smith est loin, regrettait l'auteur de *L'Homme, le libéralisme et le bien commun*[2], lorsque le libéralisme préconisait le respect des droits naturels humains, l'épanouissement de l'Homme, n'oubliait « personne, et notamment pas les nécessiteux », reflétant là un « dessein éthique »… Le libéralisme est devenu ce que le recul des États et la rapacité mercantile ont décidé qu'il advienne.

1. Hans Jonas, *Le principe responsabilité ; une éthique pour la civilisation technologique*, Paris, Flammarion, 1998 [1979].
2. Axel Kahn, *L'homme, le libéralisme et le bien commun*, Paris, Stock, 2013.

Ce qu'aussi, déplorait-il, les théoriciens de l'économie ont favorisé. « Tout individu explorant les conditions de la vie bonne questionne l'éthique de l'économie. Or il est un fait : la portée socio-éthique de l'économie est très peu présente dans les préoccupations des économistes libéraux modernes. »

Elle a ainsi contribué au dévoiement vers une « économie libérale néoclassique, en de nombreux points contraire à mes idéaux » et justifiant de « redoubler d'énergie pour faire vivre mon éthique. J'invite d'ailleurs chaque esprit critique à faire de même. » Pour espérer que le libéralisme ressuscite ses propriétés originelles et ainsi éloigne son propre spectre : convulser et devenir le péril de lui-même.

Enfin, comme thème emblématique du conflit préliminaire : le progrès. Le Progrès (avec une majuscule) sculpté par les Lumières a basculé au XXe siècle vers une utilisation ambivalente, voire antagonique, qui réalise non plus *seulement* l'élévation et l'embellissement de l'humanité, mais *aussi* son dépérissement et son anéantissement. Pour symbole, Axel Kahn convoquait l'Allemand Fritz Haber ; ses travaux sur la synthèse de l'ammoniac en firent un *bienfaiteur de l'humanité* et il reçut même le prix Nobel de chimie. Mais simultanément, il les destina à la composition d'un gaz de combat diabolique, et à ce titre fut un *destructeur de l'humanité*. Cette schizophrénie du progrès n'a pas disparu, loin de là. Elle a pris, depuis, d'autres formes, moins spectaculaires et mortifères, mais pas moins nocives. L'allégorie de « la bête échappant à son créateur » semble même s'appliquer aux « monstres » qui polissent l'irréductible hégémonie du capitalisme numérique. « Quand je vois Google se positionner sur le front de l'éthique, j'enrage ! fulminait

Axel Kahn. Cette entreprise tentaculaire combine les démarches les plus hostiles à mes conceptions éthiques du progrès. Dépositaire de données innombrables sur chacun d'entre nous, elle est le Big Brother des temps modernes. Et elle consacre une partie de sa puissance financière et scientifique à des projets de transhumanisme dans lesquels je vois un défi pour l'humain. »

Entreprise, libéralisme, progrès : voilà trois items qui font figure de décor au conflit TotalEnergies/École polytechnique, et dont la grille éthique d'Axel Kahn propose une lecture critique. Critique et révélatrice de ce qui, à ses yeux, est cristallisé par l'époque : un *sens* – dans sa double définition de la direction et du contenu – qui tarit, une *raison d'être* et une *raison de faire* en urgence d'éclaircissement et de régénération. « Le défi éthique est immense, jugeait-il. Mais parce que l'éthique est un combat, un acte de résistance, parce qu'elle est l'exercice de la liberté et celui de la responsabilité », jamais, et cela jusqu'aux ultimes instants de son existence, il n'abdiqua. « Tout n'est pas perdu, car la "vie bonne de l'Homme" sollicite un nombre infini de situations, de possibilités et d'opportunités éthiques. » Cela, jusqu'à son dernier souffle, il en offrit une émouvante démonstration. Émouvante et stimulante. Il voulait, plus que tout, transmettre ; a-t-il su l'ampleur des trésors, en premier lieu éthiques, qu'il a « passés » à ceux qui ont su l'écouter et le lire ?

Son cadre éthique, Axel Kahn l'avait modelé autour du principe, cardinal, de réciprocité : je suis parce que je considère l'autre ; je suis humanisé par l'autre que j'humanise moi-même ; je suis ce que je suis grâce au regard que l'autre me porte ; la bienveillance que l'autre m'accorde m'institue dans mon humanité. Ainsi, il accomplit une éthique soucieuse de générosité et de justice, soucieuse de respecter ou de rendre la dignité, une éthique soucieuse de l'interlocuteur dans son individualité comme de la communauté des hommes dans son invisibilité. Une éthique soucieuse d'humaniser chacun et tous. Une éthique qui confère à son auteur d'avoir exaucé son vœu : *être un type bien*.

Juillet 2021

Hériter, un poison ?

Les écarts de patrimoine, bien supérieurs à ceux de revenus, ne cessent d'enfler et atteignent des proportions inédites qui creusent la désunion de la communauté et la diffraction de la société. Inégalité naturelle ou injustice insupportable ? À chacun d'arbitrer, selon sa considération de l'héritage. Considération, c'est-à-dire légitimité et sens d'un dispositif séculaire qui distingue les « bien-nés » des autres, qui détermine dès le plus jeune âge une partie de la destinée – et qui réduit le legs à une réalité exclusivement matérielle, lui qui désigne en priorité l'éducation affective, intellectuelle, morale, éthique, artistique, in fine *émancipatrice. La série que* Le Monde *a consacrée cet été au processus de succession dans quelques grandes dynasties industrielles françaises est, à ces titres, éloquente. Emmanuel Macron, en 2017, avait promis « le risque plutôt que la rente »; il a échoué. Et la campagne présidentielle 2022, déjà phagocytée par le double tropisme de la sécurité et du pouvoir d'achat, ne semble pas disposée à stimuler un débat fiscal de fond et de justice.*

Savoureuse. Fascinante. Mais aussi qui suscite embarras et malaise. Voilà les impressions qui se dégagent à la lecture de la série estivale que *Le Monde*, sous la plume de Raphaëlle Bacqué et de Vanessa Schneider, a consacrée aux conditions dans lesquelles les patriarches de quelques grandes dynasties industrielles françaises préparent et modèlent leur succession[1]. L'intimité des familles Bolloré, Arnault, Pinault, Mulliez, Lagardère, Bouygues, est auscultée, qui révèle des vies dorées, des trajectoires enviées – et sans doute même jalousées –, mais aussi des exigences inassouvies, des désillusions irréparables, de lourds abandons affectifs, des rivalités sourdes, d'insaisissables aliénations. L'argent fait et défait le bonheur : ainsi pourrait-on résumer le sentiment qu'inspire cette immersion dans les mécanismes d'éducation et de transmission appelés à cuirasser des empires qui sont – ou, pour Lagardère, ont été – des fleurons de l'industrie française. Vincent Bolloré ramassant dans la rue les vêtements que son fils Yannick a jetés des fenêtres de leur propriété sise villa Montmorency après qu'il a appris que son père batifolait avec sa tante ; son autre fils Sébastien « fuyant le marigot familial » à sa majorité, direction Los Angeles. Arnaud Lagardère, aux prémices de l'adolescence, « séparé » presque définitivement de sa mère après que le père, Jean-Luc, a découvert l'adultère de son épouse. L'obsession de Bernard Arnault pour que ses enfants intègrent l'École polytechnique – dont il est issu – au point que le prestigieux diplôme obtenu « seulement » par Frédéric décidera peut-être de l'identité du successeur. Les conflits dans les fratries, et aussi le poids, voire le fardeau, affectif et moral de l'héritage entrepreneurial. « Je ne lui arrivais pas à la cheville, je ne lui arrive toujours pas à la cheville, mais on n'arrive jamais à la cheville de ses idoles », concède Arnaud Lagardère, dans un portrait pathétique titré « De Jean-Luc à Arnaud Lagardère, dernier inventaire

1. Raphaëlle Bacqué et Vanessa Schneider, « Successions », *Le Monde*, série d'été du 25 au 30 juillet 2021.

avant liquidation de l'héritage paternel ». Mais plus encore, on est saisi d'un certain malaise à la subtile exhibition de cet étalage de puissance et de pouvoir, à ces logiques endogamiques et à cette consanguinité des élites – mêmes lieux de villégiature, mêmes grandes écoles, mêmes loisirs et mêmes codes – qui symbolisent la fossilisation, les inégalités et même les injustices de la société française, en riposte auxquelles peu de parades semblent pouvoir agir. Le sujet des conditions de transmission est complexe et sensible. Comment casser la spirale de la reproduction des castes, comment briser l'injuste privilège de la rente, comment restaurer la valeur du mérite, sans abîmer l'outil industriel ? Comment distinguer les *contestables* patrimoines personnels du *précieux* patrimoine entrepreneurial ? Et en filigrane : comment traiter par l'impôt le sujet, tabou en France, de l'héritage ?

Oui, ce sujet est tabou, et pour s'en convaincre, il suffit d'apprécier le degré d'impopularité de l'impôt sur les successions – y compris, comme l'indiquent les études, au sein des groupes sociaux les moins favorisés – : 76 % des Français l'estiment « injuste ». Il est tabou, alors qu'il met en lumière une insupportable inégalité, et même la plus *injuste des injustices* : celle de la naissance. Qu'auraient été l'enfance, les études, les perspectives d'avenir de Yannick, d'Arnaud, d'Alexandre, de François-Henri, s'ils étaient nés Dupont ou Gimenez plutôt que Bolloré, Lagardère, Arnault et Pinault ? La réponse est limpide. Limpide et, symboliquement, cruciale : le coup du sort *grâce auquel* ces quelques enfants bien-nés et *à cause duquel* la grande majorité des enfants moins bien ou mal nés sont déterminés dès la naissance ne devrait plus tenir. Surtout, comme l'attestent les travaux de Thomas Piketty, de Gabriel Zucman et la remarquable étude *ad hoc* produite en février 2021 par Intérêt général, la fabrique de l'alternative[1], que les écarts atteignent, depuis une vingtaine d'années, une ampleur inédite.

En effet, les inégalités patrimoniales avaient fortement décliné après les deux guerres mondiales, mais elles n'ont cessé d'augmenter depuis la dernière décennie du xxe siècle. Elles sont bien plus importantes que celles de revenus : les 10 % plus hauts revenus sont six fois supérieurs aux 10 % les plus bas, mais la même comparaison affectée aux patrimoines révèle un écart deux cent onze fois plus élevé. En 2018, les 10 % des ménages revendiquant les patrimoines les plus importants (c'est-à-dire qui possèdent plus de 607 700 euros de patrimoine brut) détiennent près de la moitié de l'ensemble des actifs patrimoniaux. Surtout : l'enrichissement des riches par le patrimoine (et le capital) profite d'un levier d'amplification démultiplicateur – grâce à l'abondance de possibilités d'abattement, à la performance des meilleurs conseillers fiscalistes, à la déraison et à l'irrationalité du marché spéculatif, et au glissement progressif de la fiscalité des donations. Selon l'Insee, la part de l'héritage dans le patrimoine privé français a bondi de 60 milliards à 250 milliards d'euros entre 1980 et 2015. Aux États-Unis, lorsque, au seuil des années quatre-vingt, la tranche marginale d'imposition culminait à 80 %, le pays, sa population nantie et la nation tout entière étaient-ils à

1. « Pour casser les dynasties patrimoniales, inventer l'héritage tout au long de la vie », *Intérêt général.net*, Note n° 11, février 2021.

plaindre ? La société se portait mieux que sous l'ère Trump, auteur de réformes autorisant un couple à transmettre 22 millions de dollars sans payer de droits de succession…

Par quel miracle la plus inacceptable inégalité échappe-t-elle à la vindicte populaire ? Lorsqu'il était candidat à la présidentielle en 2017, Emmanuel Macron l'avait promis : il allait revaloriser « le risque » au détriment de « la rente ». Cela au nom de la réhabilitation du mérite, de la lutte contre les injustices de naissance. Finalement au nom, soutenu « même à droite », d'une culture libérale qui récompense l'individualité dans son action de risquer, de bâtir, d'accomplir, de réussir « par elle-même ». Quatre ans plus tard il n'en est rien. Le « spectacle » qu'offrent de grandes dynasties entrepreneuriales à l'heure de la crise du Covid-19 ne déjuge pas le constat. Bien au contraire. L'héritage constitue, plus que jamais, la première source de richesse. L'impôt, rouage de justice, socle de la société, ciment du vivre-ensemble, doit-il être repensé à l'aune des successions – appliqué à ces dernières, il ne génère « que » 15 milliards d'euros par an, loin des 70 milliards de taxation sur le revenu, des 115 milliards de CSG et des 129 milliards de TVA ? « Il est capital qu'une réforme d'ensemble de la fiscalité occupe une place centrale dans la campagne présidentielle 2022 et, plus largement, dans le débat public », estime le secrétaire général de la CFDT Laurent Berger[1]. Capital pour réparer une société que l'ampleur et l'aggravation des inégalités ont désunie, fracturée, divisée et meurtrie. Capital pour réconcilier le corps social et l'emmener vers un destin partagé.

1. Laurent Berger, *Quelle société veut-on ?*, dialogue avec Denis Lafay, La Tour d'Aigues, l'Aube, 2020.

Mais qui osera s'y attaquer ? Car les obstacles ou les adversaires sont nombreux, et les plus redoutables résistances ou les écueils les plus sournois ne se règlent pas par la loi. L'indulgence de la population pour les mécanismes pervers de l'héritage traduit une peur et une tentation : la peur d'autrui, de l'inconnu, de l'incertitude, de l'aventure humaine ; la tentation du repli, du refuge, du cloisonnement, du *statu quo*. Le désintérêt de l'opinion publique et de l'aréopage politique pour l'impôt sur les successions signifie peut-être aussi la méconnaissance des attributs d'une réforme qui serait ambitieuse ; une contribution d'ampleur génèrerait une manne dont pourrait, et même *devrait*, profiter la taxation du travail. Qu'y aurait-il de plus équitable et responsabilisant que d'alléger la taxe sur le travail du montant des recettes secrétées par la taxe sur les rentes – celles issues de l'héritage, mais aussi celles, spéculatives, du capital ? Ce serait là un message fort en faveur de la « valeur travail », qui depuis la loi Aubry sur les 35 heures fait l'objet d'âpres débats.

Mais la digue à laquelle les espoirs de réforme se heurtent est avant tout d'ordre philosophique. Elle se résume aux réponses que chaque mère, chaque père, affecte à « la » question : à quelles fins destiné-je la venue puis l'éducation de mes enfants ? Et, consubstantiellement, à quels desseins arrimé-je mon aventure professionnelle, les investissements et les biens acquis pendant mon « passage » ?

Questionner la fiscalité de la succession, c'est investiguer la nature et le sens même de ce qu'on lègue à ses descendants. Dans une époque à la fois ultramatérialiste, mégamarchande et au devenir incertain, *donner* – de son vivant ou à sa mort – le fruit de son labeur (et la fructification de l'héritage qu'on a soi-même perçu) semble, pour beaucoup, cardinal. Ce legs apparaît chez d'aucun comme le couronnement de sa propre trajectoire, la preuve de son propre accomplissement. Parfois, aussi, comme l'éclat de sa toute-puissance, de son omniscience, de son autorité, de sa « générosité ». Dans ces conditions, comment « oserait »-on taxer une telle « œuvre » ?

Ce prisme d'excès narcissique – qui réclame toutefois d'être respecté, surtout lorsqu'il résulte d'un itinéraire cahoteux et valeureux – convoque ce que l'on inclut dans la définition et le substrat de l'*éducation*. En effet, que signifie *élever* ? Faire grandir, et plutôt les capacités d'individuation de ses enfants que leur compte en banque ou leur confort matériel. Ensemencer leur épanouissement, leur autonomie, leur émancipation. Les éveiller à des potentialités et à des opportunités intimes qu'ils arbitreront eux-mêmes. Les conduire à libérer leur sensibilité, leurs altérités et leur singularité. Inculquer des principes et une exigence éthiques de vie. Innerver au fond d'eux un « capital » émotionnel, un « capital » d'amour, un « capital » de réalisation de soi, un « capital » d'humanité, qui par définition échappent aux géniteurs et dissonent radicalement du « capital » patrimonial, boursier ou immobilier. Bref, c'est incarner une exemplarité humaine plutôt qu'une icône matérielle, une référence affective plutôt qu'un objectif de succès. Dans ce prisme, il n'est pas certain que la destinée des « filles et fils de » narrée par Raphaëlle Bacqué et Vanessa Schneider fasse rêver. Mais il est certain qu'elle légitime plus encore le débat sur une réforme en profondeur de la fiscalité.

Août 2021

Addendum

Dans une étude publiée le 21 décembre 2021[1], le Conseil d'analyse économique, rattaché au Premier ministre, préconise une refonte en profondeur de la fiscalité des successions, dans le sens d'un renchérissement substantiel de la taxation. Au motif, étayé par les chiffres, d'une place désormais considérable occupée par l'héritage dans la concentration des patrimoines et, simultanément, de l'avènement d'une « société d'héritiers ».

1. Clément Dherbécourt, Gabrielle Fack, Camille Landais et Stéphanie Stantcheva, « Repenser l'héritage », *Les notes du Conseil d'analyse économique* n° 69, décembre 2021.

L'émotion, une sourde dictature

En cette rentrée, la fiction – les films France *et* Les 2 Alfred, *la série* Un entretien, *les travaux du sociologue Pierre Rosanvallon, les réflexions de Mathieu Souquière et de Damien Fleurot, mettent en scène ou investiguent l'émotion. Sa réalité, ses trésors, mais aussi l'instrumentalisation dont elle est l'otage, ourdie dans les champs médiatique, politique et même dans l'entreprise par les artisans du populisme et les soldats du productivisme. Ainsi prisonnière, elle devient même un danger pour la démocratie. Il faut protéger, sanctuariser et sauver l'émotion. Mais est-ce encore possible ?*

Elle s'appelle France de Meurs. Elle est une journaliste vedette de la télévision, aux commandes de sa propre émission, dans laquelle elle intercale animations plateau et reportages – la plupart de guerre. Interprétée de manière glaçante et foudroyante par Léa Seydoux, France est une star du petit écran, dont l'obsession narcissique de puissance, d'exposition et de performance précipite le spectateur dans le vertige. Cornaquée par une assistante (amorale Blanche Gardin) redoutablement cynique, rien, pas même le plus indicible drame, ne la déroute de la trajectoire à laquelle l'hubris, la quête de reconnaissance et de brillance la destinent. Présenté au Festival de Cannes 2021, le film *France*, de Bruno Dumont[1], en salles depuis le 25 août, fut conspué par une partie des journalistes. Il est vrai que le personnage central expose une pratique du métier écœurante, saupoudrant les « vrais » actes de bravoure d'outrancières et révoltantes manipulations – que le Patrick Poivre d'Arvor auteur de la vraie-fausse interview de Fidel Castro ne renierait pas. Lors d'un reportage, Danièle, vulnérable épouse d'un assassin d'enfant, confie à France avoir « vécu vingt ans avec un monstre » que finalement elle ne « connaissait pas »; mais n'est-ce pas plutôt la sémillante journaliste qui s'exhibe alors en monstre, plus exactement distillant qu'une part d'elle-même est habitée par des démons? Ces démons, qui la détournent de l'exigence journalistique – exercer avec éthique, intégrité, discernement et sens –, sont la tyrannie des réseaux sociaux, la saveur de l'instantanéité, la tentation d'instrumentaliser, la fascination pour le sensationnalisme, *in fine* le désir, vénéneux, d'exister et d'« être » dans le miroir, confusant et infatué, des sujets les plus retentissants qui soient. France est l'actrice principale d'une mise en scène journalistique et médiatique certes caricaturale, mais qui est une réalité, exacerbée à l'épreuve du Covid-19: l'époque du spectacle n'épargne personne, pas même ceux – en l'occurrence journalistes, scientifiques, « commentateurs » – auxquels, pourtant, l'incandescent « moment » pandémique impose, plus que jamais, le double devoir de *raison* et d'*honnêteté*. France est en fait bien davantage qu'un curare pour l'information: elle est le reflet d'une civilisation ensorcelée par le virus, incoercible, de l'*émotion*.

1. *France*, film de Bruno Dumont, 2020.

Simultanément, paraît en librairie le nouvel opus de Pierre Rosanvallon, *Les Épreuves de la vie, comprendre autrement les Français*[1]. Le sociologue et historien radiographie l'Hexagone sous un prisme inédit : celui des « épreuves de la vie », qui dictent désormais les ressentis et les vécus des Français, mais aussi les manières d'exprimer leurs colères. Ces épreuves sont de trois ordres : celles de « l'individualité et de l'intégrité personnelle » – harcèlements, violences sexuelles, emprise, *burn out*, qui développent des « pathologies de la relation individuelle » – ; celles afférentes au « lien social » – le mépris, l'injustice, la discrimination, ces « pathologies de l'égalité » étant de « dimension collective » – ; celles, enfin, dites de « l'incertitude » – recensant les situations de crise auxquelles l'État-providence n'apporte pas de pansement. Ces épreuves produisent des « émotions » qui infléchissent voire transforment en profondeur la considération pour autrui et les institutions ; elles font donc naître des « communautés d'émotions » qui, en riposte à la verticalisation du pouvoir, se détournent des canaux traditionnels de la démocratie représentative. Au final, elles modifient le « paysage émotionnel du pays » et « redessinent la carte du social ».

L'insensibilité des gouvernants à ce constat est criante. Emmanuel Macron aujourd'hui comme Nicolas Sarkozy hier, obsédés par l'exercice direct de la démocratie, se sont méthodiquement employés à bouleverser le fonctionnement de l'exécutif – où « est » aujourd'hui Jean Castex, comme il y a dix ans François Fillon ? –, à discréditer les corps intermédiaires, à personnifier le pouvoir dans l'excès, et ainsi à

1. Pierre Rosanvallon, *Les épreuves de la vie; comprendre autrement les Français*, Paris, Seuil, 2021.

devenir sourds et aveugles aux réalités du pays. Une aubaine pour les théoriciens populistes, promus « entrepreneurs du ressentiment », entrepreneurs d'*émotions*.

Populisme : c'est à diagnostiquer le fléau, mais, plus encore, à esquisser ses formes, ses visages et son ampleur d'ici au prochain scrutin présidentiel, que se consacrent le consultant (et ancien conseiller ministériel) Mathieu Souquière et le journaliste Damien Fleurot (TF1 – LCI, ex-BFM et CNews) dans *2022, la flambée populiste*[1], en librairie le 2 septembre. Des différents chapitres, éclairants, l'un retient particulièrement l'attention lorsqu'on le découvre au retour de la projection de *France* : « Médias populaires ou médias populistes ? ». Et le tandem de creuser l'interrogation à l'aune d'un constat et d'une question : la courbe d'audience des chaînes d'information en continu et celle du populisme progressant de concert, la concomitance n'est-elle que hasard ou induit-elle une corrélation – voire une consubstantialité ? Où il apparaît que « l'hyperverticalisation du pouvoir présidentiel » et le syndrome de la démocratie directe à la fois se *nourrissent de* et *entretiennent* une triple métamorphose, en réalité insécable et même indivisible : celle de l'exercice de l'information, celle de l'exercice du pouvoir politique – complice plus que victime –, celle de l'expression des citoyens. Toutes trois enlacées dans une danse schizophrénique ; n'est-ce pas Emmanuel Macron qui, en 2017, fustigeait la « société du commentaire permanent » et, trois ans et demi plus tard, en pleine crise pandémique, déplorait « l'écrasement des hiérarchies, ce sentiment que tout

1. Damien Fleurot et Mathieu Souquière, *2022, la flambée populiste*, Paris, Plon, 2021.

se vaut, que toutes les paroles sont égales » ? Et l'examen, rigoureusement documenté, des deux auteurs d'investiguer la dérive desdits médias – que l'incendie des réseaux sociaux enflamme dans des proportions définitivement nuisibles et incontrôlables – : les chaînes d'*information* en continu sont devenues des chaînes d'*émotion* en continu.

Émotion : l'axe cardinal de la trajectoire de France, une clé de lecture centrale des travaux de Pierre Rosanvallon, l'humus d'une partie des médias contemporains. Et le poison du débat public ; parce qu'elle disqualifie la parole raisonnée, la parole sage, la parole nuancée, parce qu'elle étouffe la parole qui respecte, la parole qui doute, la parole qui réunit, parce qu'elle discrédite la parole qui écoute et la parole qui construit, l'émotion à ce point paroxystique aliène les esprits critiques, arase sans discernement la valeur des opinions – celle d'un scientifique chevronné est égale à celle d'un obscur imposteur –, hystérise l'échange, étrangle la possibilité de dialoguer, claque la porte aux rencontres. Elle enterre également nombre de vœux ; le vœu d'une éthique du débat public, le vœu d'une démocratie régénérée, le vœu de réconcilier une société morcelée et antagonisée, sont, pour l'heure, inexauçables. L'émotion ambiante est inflammable, et sa capacité éruptive est proportionnelle à l'incapacité politique, sociale, médiatique, éducationnelle, de la canaliser.

Éprouver puis exprimer une émotion traduit un degré intime d'autonomie, d'émancipation, de réalisation de soi, d'accès à la sensibilité, qu'il faut, bien sûr, avant tout applaudir. Notamment lorsqu'elle essaime, diffuse et rassemble. Mais c'est justement parce qu'elles sont « trésors » que les émotions des individus puis leur concrétisation collective exigent d'être entendues et respectées, examinées et cautérisées. L'émotion qui s'indigne, pleure et hurle doit être tout aussi audible, tout autant considérée que l'émotion qui créée, rit et jouit. L'émotion ne peut continuer d'être jetée en pâture à des prédateurs – mercantiles ou populistes – qui l'instrumentalisent et la mystifient, elle ne peut demeurer un appât livré aux becs aiguisés des rapaces du bien commun. C'est la démocratie même qui est en danger. C'est l'une de nos principales libertés, *fabriquer et éprouver l'émotion*, qui est en péril.

Cette émotion, enfin, comment l'entreprise s'en empare-t-elle ? Vaste sujet. Si l'on se concentre sur l'une des formes de l'émotion, le *bonheur*, rien ne vient distinguer les dérives de certaines entreprises de celles énoncées ci-avant. Pour preuve, l'avènement d'une fonction inédite, celle de *chief happiness officer*, ou « responsable du bonheur ». L'entreprise se veut bienveillante et se sent investie de chouchouter le corps social, de favoriser son bien-être à coups d'événements internes et d'attentions individualisées. Elle réaménage les locaux et développe des services (massages, yoga, salles de détente et de jeux, méditation, conciergerie, conseils multiples, etc.), elle crée artificiellement une porosité entre émotions personnelles et émotions professionnelles, elle veut faire croire à l'interdépendance du travail et du bonheur, elle veut se montrer *à l'origine d'une émotion*… Tout cela, personne n'est dupe, est destiné à « fidéliser » – plus précisément à assujettir – les salariés, à accroître la productivité. Et, comme le détaille la sociologue Danièle Linhart[1], à maquiller la « détérioration du

1. Directrice de recherche au CNRS-Centre de recherches sociologiques et politiques de Paris.

contenu du travail », à dissimuler les « contradictions profondes qui sont au cœur du modèle managérial moderne », au final à s'affranchir du plus déterminant de ses devoirs : considérer la « professionnalité » des salariés, c'est-à-dire « respecter leurs compétences, leurs expériences, leurs métiers ». Ainsi que, faut-il ajouter, leur humanité.

Une telle immixtion de l'entreprise dans le champ de l'émotion est-elle moins répréhensible que celle dont médias et politiques déviants se rendent coupables ? Quand elle le veut, l'entreprise « aussi » peut être populiste. Le savoureux *Les 2 Alfred* (en salles depuis mi-juin) ou la troisième saison de l'excellente série *Un entretien*, diffusée sur Canal Plus, en témoignent[1]. Dans cette dernière, Benjamin Lavernhe campe un DRH placardisé au rang de directeur du bonheur. On y rit beaucoup. Souvent jaune. Ou quand la fiction – celle de France, des frères Podalydès ou du sociétaire de la Comédie-Française – met en relief, malheureusement, la réalité. L'émotion ne devrait autoriser aucune manipulation.

Août 2021

1. *Les 2 Alfred*, film de Bruno Podalydès, 2020 ; *Un entretien*, série diffusée sur Canal Plus depuis 2018.

Branson, Bezos et Musk, les fossoyeurs de l'espace

Vols suborbitaux réalisés par les deux premiers en juillet, vol orbital accompli par le troisième mi-septembre : Richard Branson, Jeff Bezos et Elon Musk consacrent leur fortune à la conquête du ciel. Leur entreprise annonce la colonisation et la marchandisation de l'espace, et donc la confiscation de l'ultime bien commun de l'humanité. Un « rêve dystopique » : voilà le destin civilisationnel oxymorique qu'incarne et promet leur « œuvre ». Qu'il explore les volets philosophique, juridique, social, écologique ou touristique, le questionnement éthique est brûlant. Et plonge dans les limbes « la » question cardinale : à quoi cela sert-il ?

Faut-il applaudir ou honnir ? Les « premières » suborbitales – atteindre la ligne de Kármán, située à environ cent kilomètres de la terre, délimite symboliquement l'entrée dans l'espace – (presque) réalisée le 11 juillet par Richard Branson dans son avion VSS *Unity* et accomplie neuf jours plus tard par Jeff Bezos dans sa fusée *New Shepard*, puis le vol orbital effectué du 15 au 18 septembre par quatre non professionnels embarqués dans la capsule Crew Dragon méritent-ils l'admiration ou l'anathème ? Certainement les deux sentiments, et pour une fois sans guère de nuances. L'admiration apparaît évidente, lorsqu'elle a pour objet la prouesse scientifique accomplie par trois entreprises privées

(Virgin Galactic, Blue Origin, SpaceX), financées par trois milliardaires dont personne ne pense contester la passion pour l'espace et ne peut mettre en doute l'esprit d'innovation et celui d'entreprendre. Mais aussitôt, une question surgit qui ombre le panégyrique : *à quoi cela sert-il ?* Et en filigrane : quelles sont les motivations et les finalités véritables ? est-ce un progrès pour l'humanité ? le tourisme spatial annonce-t-il l'ultime dystopie civilisationnelle ? Question(s) qui emmènent alors sur un terrain *éthique* autrement plus critique, et même, à certains égards, effrayant.

Richard Branson, Jeff Bezos et, le plus ambitieux de tous, Elon Musk emploient des technologies distinctes, lorgnent des aspirations différentes, mais questionnent d'une même voix l'avenir de l'espace, qu'ils destinent à investir, à exploiter et à coloniser. Le premier ne se cache pas d'un objectif trivialement touristique, et il a déjà programmé à terme quatre cents vols par an. Déjà six cents réservations à 200 000 dollars l'unité auraient été enregistrées, et la croissance pourrait permettre de ramener à 20 000 dollars le prix unitaire, assurant alors une courbe d'activité exponentielle. Ses adversaires avancent une motivation plus « philosophique », mais pas moins sujette à une vive critique éthique. Il s'agit, pour eux, de « sauver la Terre et son humanité » en déployant dans l'espace un substitut d'existence pour des générations futures auxquelles l'état congestionné et dépérissant de la planète ne promet pas d'avenir. En d'autres termes, fuyons la Terre que nous anéantissons et réfugions-nous dans l'espace – auquel ces trois icônes anglo-saxonnes conjecturent, au final, le même destin. L'ivresse de grandir, de grossir, de posséder et d'asservir, l'hubris enivrant, détournent ces entrepreneurs de la nécessité de ralentir, d'infléchir, d'émanciper ou de décroître.

Le *développement* coûte que coûte, muselant ou ringardisant la possibilité de la *sobriété*, l'« illimitisme » – remarquablement conceptualisé par l'historien Johann Chapoutot[1] – pour graal. La complexité technologique pour fermer les yeux sur la « vraie » complexité, celle de la pérennité de la vie sur terre.

L'aventure spatiale des trois protagonistes suscite d'importantes questions éthiques de droit. Droit d'exploitation et de propriété. Aujourd'hui, l'espace est ce que la Terre n'est plus : gratuit. Ou plus exactement un *bien commun*, ce même bien commun auquel les tentacules marchandes ont arraché la quasi-totalité de la planète ; les ressources naturelles, les terres agricoles, l'eau, etc. Seul l'air demeure encore protégé. La privatisation de l'espace, auquel ce mois de juillet donne une consistance symbolique inédite, éveille des interrogations éthiques différentes de celles prévalant jusqu'à présent entre les forces étatiques. À qui reviendra-t-il de statuer, d'« organiser » juridiquement l'espace, de sanctuariser ce bien commun ? Une interrogation inédite, une interrogation à laquelle personne jusqu'à présent n'avait jamais songé, pourrait voir le jour ces prochaines années : à qui appartient le ciel ?

Le comportement éthique déployé par les États qui, jusqu'à présent, étaient seuls à se disputer l'espace, n'est pas irréprochable. Loin de là, si l'on en juge l'enjeu militaire, « télécommunicationnel » et data auquel Américains, Chinois, Russes, Indiens et, dans une moindre mesure, Européens consacrent leur bataille. Mais de quelle éthique Branson, Bezos, Musk, drapent-ils leur aventure spatiale ? Quelle confiance en leur altruisme et en leur sens de l'équité faut-il accorder à des dirigeants qui ont fait de l'évasion

1. Johann Chapoutot, *Le grand récit*, Paris, PUF, 2021.

fiscale, de la soustraction de leurs devoirs communs, une obsession – encore aujourd'hui récompensée ? Et pourquoi, comme s'y emploient l'agora et les médias libertariens, faudrait-il les sacraliser au nom des milliards de dollars dont ils font « généreusement » – ou plutôt spécieusement – don à leur passion ?

À tenter de sauver le bien commun, c'est-à-dire le climat et l'environnement : voilà à quoi la lame de fond qui traverse toute la société, aussi bien civile que politique et économique, annonce s'employer. Tout (ou presque) aujourd'hui porte à sensibiliser, dès le plus jeune âge, à l'école, dans les études supérieures, dans les entreprises, dans les discours politiques, à la responsabilité et au devoir d'adopter de nouveaux comportements. L'Union européenne, en présentant le 14 juillet 2021 l'ambitieux Pacte vert – douze propositions destinées à réduire de 55 % les émissions de CO_2 à l'horizon 2035, soutenues par 600 milliards d'euros d'investissement – prend d'ailleurs sa part, preuve du caractère indicible de la situation. Chaque jour, chaque instant, « il » est réclamé aux citoyens de renoncer aux transports polluants, de reconsidérer les modèles de déplacement – par exemple, inscrite dans la loi (française) Climat et résilience, l'obligation de supprimer les vols domestiques et court-courriers. Trente tonnes de dioxyde de carbone, soit l'équivalent d'un tour de la Terre seul dans sa voiture : voilà, selon certains experts – et notamment la Federal Aviation Administration (FAA) – la charge nocive à laquelle correspondrait chaque décollage du VSS *Unity*. Et que dire de la suie sécrétée par la combustion ? Et des conséquences pour la stratosphère ? Une goutte d'eau dans l'océan de la pollution spatiale aujourd'hui ; mais qu'adviendra-t-il si la projection de « 50 000 candidats par an » et celle d'un marché d'au moins 3 milliards de dollars établies par les prospectivistes se concrétisent ?

Il est par ailleurs amusant d'observer les débats portant sur les hypothèses de pollution engendrées par les artisans de ce nouveau tourisme ; leur objet est systématiquement circonscrit aux techniques « moteurs » – fusée-hybride à base de carburant pour l'un, hydrogène pour l'autre, vols orbitaux cent fois plus énergivores que leurs pendants suborbitaux –, aucun ne met en exergue les émissions de CO_2 et les répercussions environnementales produites par l'extraction et la transformation des matériaux composant les fusées, par le déploiement des infrastructures de recherche et développement, des futurs aéroports, des installations et voies d'accès de tous ordres, etc. C'est d'ailleurs derrière le décor des vols qu'est tapie la grande majorité des pollutions.

Deux cent mille dollars pour voler avec le VSS *Unity*, quelques millions pour embarquer avec *New Shepard*, des dizaines de millions pour effectuer un voyage orbital d'une semaine dans la capsule Crew Dragon du créateur de Tesla : le « paquet » de dollars réclamé pour voir la Terre de l'espace réserve le rêve à une poignée d'ultraprivilégiés – l'outrancier maquillage philanthropique dont le commanditaire Jared Isaacman farde son séjour dans l'espace ne devrait tromper personne. Même ramené un jour à 20 000 dollars dans l'habitacle de Richard Branson, le prix de ce rêve est inaccessible pour la quasi-totalité de la population. Y a-t-il « progrès » lorsque l'exploration d'un nouveau « possible civilisationnel » est, d'emblée, propriété d'une caste ? Y a-t-il « progrès » à créer une offre intrinsèquement et durablement réservée à un micro-aréopage ?

Y a-t-il « progrès » lorsque cette exploration, avant même de débuter, fait davantage que reproduire : *enflamme* les inégalités dans des proportions inédites ? Y a-t-il « progrès » à débourser, pour satisfaire son ego et le « plaisir » de planer deux minutes en apesanteur, l'équivalent de cent mille tontes de cheveux auxquelles les plus pauvres Indiens sont réduits pour se nourrir ? Si seulement ces développements servaient la recherche spatiale fondamentale… « L'intérêt, dans ce domaine, est quasi nul », tranche Philippe Baptiste, PDG du Centre national d'études spatiales. Aujourd'hui, l'activité dans l'espace contribue à analyser scientifiquement l'état déliquescent de la planète et à orienter la nature des stratégies de parade ; demain, elle deviendra elle-même objet d'analyse…

Enfin, ce qu'entreprend aujourd'hui le triumvirat et déjà donne des ailes à bien d'autres – la *start-up* américaine Axiom Space programme la création d'un hôtel designé par Philippe Starck et arrimé à la station spatiale internationale ISS –, questionne fondamentalement l'éthique du tourisme. Le tourisme se met au diapason des évolutions de la société marchande : il est de masse, spectaculaire, et de divertissement. Il est *entertainment* – auquel même les musées, désormais rabaissés à de lucratives expositions temporaires, à un marketing indécent, et à une affligeante confusion des genres, ne résistent pas. Que Richard Branson ait choisi Michael Colglazier pour présider Virgin Galactic n'est pas fortuit : n'a-t-il pas effectué l'essentiel de sa carrière chez Disney, dont il fut PDG de l'activité Parks, Experiences & Products ? Il est vrai que l'espace constitue un parc d'attractions aux frontières, aux opportunités, aux potentialités infinies…

L'espace peut-il être réduit à un terrain de jeux? Au moment où Venise est enfin parvenue à détourner vers son port industriel les paquebots-villes qui accostaient près de la place Saint-Marc et déversaient leurs hordes de touristes dans les ruelles séculaires, au moment où il n'est plus guère possible d'envisager une destination sans s'interroger sur le sens et sur l'empreinte écologique de son voyage, le message adressé par Richard Branson, Jeff Bezos et Elon Musk ébranle tout exercice éthique. On est loin du Suisse Bertrand Piccard, auteur d'un tour du monde en avion solaire mariant défi aventurier, défi technologique et défi écologique. Le philosophe Roger-Pol Droit, à propos des manifestations contemporaines du progrès qu'incarne (notamment) ce triumvirat, est explicite. Ces « immenses fortunes ont réussi par l'innovation et croient désormais pouvoir changer le monde et réaliser leurs rêves en agissant par leurs propres moyens », indique-t-il. Et l'auteur du *Sens des limites*[1] de stigmatiser une « sorte de privatisation, une extraordinaire captation personnelle des visions relatives au progrès, à l'utopie et à l'avenir de tous. Au lieu d'une aventure collective, on trouve des décisions individuelles. Au lieu d'un horizon forgé en commun pour le bien de l'humanité, voilà des initiatives solitaires, aux conséquences potentiellement immenses. »

À quoi cela sert-il? s'est-on interrogé en préambule. Si quelqu'un peut proposer une réponse « sensée », elle est la bienvenue.

Septembre 2021

1. Roger-Pol Droit et Monique Atlan, *Le sens des limites*, Paris, L'Observatoire, 2021.

Le nazisme, inspirateur du management moderne

Les travaux de l'historien Johann Chapoutot publiés dans Libres d'obéir *font la glaçante démonstration que les théories nazies ont infusé l'organisation du travail et le management modernes. Cette correspondance, un homme l'incarne : l'ancien général de la SS Reinhard Höhn, fondateur dans les années 1950 d'un institut du management qui, jusqu'en 2000, dispensera ses méthodes à sept cent mille cadres des plus grands groupes industriels. Et une réalité la consacre : celle des injonctions et des doctrines consubstantielles du libéralisme contemporain. Lesquelles réduisent l'individu à un* capital humain, *sa fonction à être* productif, *son devoir à être* performant. *Sa responsabilité à être* toujours plus rentable. *Les dispositifs que des groupes de protection sociale proposent à leurs entreprises-clientes d'appliquer aux salariés afin d'« améliorer la performance et la productivité » en sont l' – embarrassante – illustration.*

« Avec le nouveau diagnostic potentiel humain, révélez tout le potentiel de votre entreprise ». Un diagnostic « scientifique – nous mesurons scientifiquement le niveau d'énergie des salariés –, complet, et concret – vous identifiez les actions prioritaires pour maximiser l'énergie de vos équipes ». Ainsi, pendant ce mois de septembre, s'étalait en pleine page de la presse nationale la communication d'Harmonie mutuelle. Qui faisait écho à celle de son concurrent Malakoff Humanis. Sur le site de ce dernier est promue la « démarche Diagnostic et protection du capital humain », destinée à « améliorer la performance des entreprises clientes, [...] avec plus d'efficacité et de motivation ». D'où vient le malaise à la lecture de ces slogans ? D'abord, de questions qui se télescopent. Ensuite d'un choc, celui d'une lecture concomitante qui les éclaire d'un prisme – très – inconfortable et embarrassant.

« Qui » est le client prioritaire des groupes de protection sociale (GPS) ? Les salariés – qui cotisent et sont censés être les bénéficiaires – ou les employeurs – qui, il est vrai, souscrivent les contrats... ? Un GPS a-t-il pour vocation d'armer l'employeur d'outils pour « mesurer scientifiquement le niveau d'énergie des salariés », pour « maximiser » cette énergie, pour juguler « l'absentéisme » ? Au final, comme ne s'en cachent même pas les communications des deux poids lourds français, pour « améliorer » la « performance » et la « productivité » des entreprises-clientes ? Comment ne pas soupçonner ces programmes, sous couvert de *bienveillance* et de *bien-être* des salariés d'instrumentaliser l'enjeu de santé des collaborateurs au profit de la rentabilité des employeurs ?

C'est là que surgit le choc, provoqué par la « rencontre » avec un essai. Ce dernier a pour titre *Libres d'obéir, le management du nazisme à aujourd'hui*[1], publié en 2020 – une version enrichie est en préparation. Son auteur ? L'historien Johann Chapoutot, professeur d'histoire contemporaine à Sorbonne Université, et plus grand exégète français du

1. Johann Chapoutot, *Libres d'obéir*, Paris, Gallimard, 2020.

nazisme. Sujet que ce Normalien, docteur et agrégé, investigue depuis trente ans. Déjà, à l'âge de 16 ans, c'est sur le thème « Un ou des fascismes dans l'Europe de l'entre-deux-guerres ? » qu'il fut lauréat du concours général d'histoire, avant d'obtenir un an plus tard le premier accessit au concours général... d'allemand.

Cette enquête, factuelle et dépolluée de biais militant, Johann Chapoutot la structure autour d'un homme-pivot : Reinhard Höhn. Ce brillant juriste, « sorte de Josef Mengele du droit », était un fonctionnaire nazi. Sa détermination et son zèle le porteront à la fin de la Seconde Guerre mondiale au grade de général de la SS. N'ayant pas de sang sur les mains, il bénéficiera, comme huit cent mille autres nazis, de la loi d'amnistie du 31 décembre 1949, et une fois revenu à la vie civile, fondera en 1956, à Bad Harzburg, l'Académie des cadres, un institut de formation au management. Mais pas n'importe lequel ; au total sept cent mille cadres issus des plus célèbres enseignes industrielles viendront se former à ses préceptes. Ce jusqu'à sa mort, en 2000 – les nécrologies des grands titres de la presse germanique salueront un « manager de génie », un « enseignant de talent », un « infatigable scientifique ». Oui, deux mille cinq cents entreprises, parmi lesquelles Aldi, BMW, Hoechst, Bayer, Telefunken, Krupp, Esso, Thyssen, Opel, Ford, Colgate, HP, enverront leurs managers y parfaire leurs connaissances et leurs pratiques en management et en organisation du travail, dispensées par quelques autres grands hiérarques du mouvement nazi.

En quoi l'impressionnante fouille, si contre-intuitive, accomplie par l'auteur est-elle aussi remarquable et glaçante ? Parce qu'elle révèle des racines communes, d'indicibles similitudes entre les méthodes incroyablement modernes axiomatisées par les nazis et des doctrines dominantes dans l'entreprise contemporaine, qu'infusent et même imbibent les injonctions libérales anglo-saxonnes – l'Académie des cadres revendiquera pour modèle la Harvard Business School ou l'INSEAD. Quelles sont ces théories d'*hier* qui fertilisent si furieusement *aujourd'hui* ? Un mécanisme managérial voué à l'extraction des « ressources humaines » elle-même dévolue à la double obsession d'une « productivité » et d'une « performance » records ; une conception du travail « non autoritaire », l'employé « consentant à son sort dans un véritable espace de liberté et d'autonomie » ; une culture omniprésente de la « communauté » – productive, du peuple, des compagnons, des chefs, etc. – ; une organisation décentralisée, architecturée autour d'objectifs et de missions dictés par la hiérarchie et que les employés exécutent en toute responsabilité – … et toute culpabilité en cas d'échec – ; une attention soutenue « à l'engagement, à la motivation, à l'implication, au mérite, à la libération des énergies, censés procéder du plaisir de travailler et de la bienveillance de la structure »… Cette idéologie managériale, a-t-on l'impression qu'elle est rédigée en 1939 ou en 2021 ?

L'organisation de l'État était elle-même révolutionnaire. Obsessionnelle était la détermination des nazis à éradiquer l'administration d'État, cet État d'une valeur bien inférieure à la « race » et qui contrariait le principe cardinal du darwinisme social : que meure ce qui doit mourir ! Ainsi, lors du congrès du « Mouvement » – qu'il préférait à « Parti » – à Nuremberg en 1934, Adolf Hitler claqua : « Ce n'est pas l'État qui nous donne des ordres, mais nous qui donnons des ordres à l'État. Ce n'est pas l'État qui nous a créés, mais c'est nous qui créons notre propre État. » Dès lors, à l'administration centrale et bureaucratique il fit substituer une constellation « d'agences », sectorielles, momentanées, autonomes, affectées à la réalisation de missions et placées en rivalité permanente ; cette « lutte de chacun contre tous » synonyme de polycratie irriguait une forme de « darwinisme administratif, spontané et inconscient »... dans une formidable cacophonie, bien éloignée de l'image de rectitude et de fluidité communément associée. Là encore, cette pensée semble murmurer quelque écho contemporain. Les non-productifs, les non-rentables, les non-performants, étaient jugés « indignes de vivre » sous le régime nazi, et la défense des faibles, des vulnérables, de l'égalité et du bien commun était pourchassée ; dans certains camps politiques aujourd'hui, n'entend-on pas parfois une complainte analogue sourdre à propos de « nos » exclus du diktat productiviste ?

« Les conceptions du commandement et du management développées par Höhn dès les années trente se sont révélées étonnamment congruentes à l'esprit des temps nouveaux : croissance économique du “miracle” éponyme, triomphe de la liberté occidentale », résume Johann Chapoutot. Dans le détail, c'est spectaculaire.

En droite ligne de ce qu'il avait conceptualisé lorsqu'il était SS et qu'il développera plus tard avec succès pour le compte des entreprises, Reinhard Höhn avait compris qu'à l'ère des « masses démocratiques, chacun veut être considéré pour ce qu'il est », non pas un « subordonné », mais un « collaborateur », une « personne qui pense et qui agit de manière autonome ». Il avait jugé que l'opposition patrons/ouvriers et la lutte des classes étaient néfastes, et qu'il fallait leur substituer d'autres modèles, notamment la cogestion, à même d'assurer l'essentiel : à l'échelle de l'entreprise, l'autonomie du collaborateur doit conjurer les divisions politiques et sociologiques de la société (riches/pauvres, ouvrier/patron, etc.) et assurer l'unité de « volonté, d'affect et d'action de la communauté productive ». Traduit en langage « RH », cela induit que « tout manager est manager de lui-même », et que l'organisation à laquelle il est lié doit être attentive à son « développement personnel ».

Rien d'étonnant, alors, que les grandes théories du juriste nazi assimilent « l'entreprise à une armée ». Par exemple, observe Johann Chapoutot, « [...] l'injonction, éminemment contradictoire, qui pesait sur l'encadrement de terrain, était d'être libre sans l'être aucunement. Le corollaire était, pour l'officier et le sous-officier de terrain, d'exercer une responsabilité totale, absolue, alors qu'il n'avait décidé de rien. En d'autres termes : la liberté d'obéir, l'obligation de réussir. » La seule liberté résidait dans le choix des moyens, jamais dans celui des fins. Combien de managers dits des strates intermédiaires devraient se retrouver dans cette description...

La réalité de l'oxymorique *liberté manipulée*, ou ordolibéralisme, les conceptions modernes de *management par objectif* et de *délégation des responsabilités* en sont le théâtre. « Elle est d'une grande perversité », souligne l'historien. En effet, pétrie de « contradictions et de paradoxes », elle repose sur un « mensonge fondamental » et fait dévier l'employé (ou le subordonné) d'une liberté promise vers une aliénation certaine, pour le plus grand confort de la direction, qui ne porte plus seule la responsabilité de l'échec potentiel ou avéré. En découlent anxiété, stress, *burn out* et *bore out* (démission intérieure), des phénomènes psychosociaux bien connus du XXe siècle.

« Comment faire plus avec moins d'hommes ? Comment faire davantage tout en faisant des économies » : voilà la quadrature du cercle à laquelle le régime nazi était contraint puisqu'une grande partie des hommes était sous les drapeaux quand le besoin de production – industrielle, militaire, agricole – s'étendait proportionnellement aux conquêtes territoriales. « Comment faire plus avec moins d'hommes » : combien de nervis du capitalisme financier contemporain, de fonds d'investissement, de courtiers en Bourse, de professionnels des LBO (*leveraged buy-out*), d'actionnaires individuels, de conseils en stratégie, pensent, conceptualisent, arbitrent, recommandent, agissent, fascinés par ce parangon ? Ce cas d'étude illustre l'application contemporaine des préceptes de Reinhard Höhn, mis au service du régime nazi puis adaptés, décennie après décennie, aux évolutions de l'époque, de plus en plus libérale, concurrentielle et mondialisée. Ce qu'on peut ainsi résumer : être rentable, performant et productif, et s'affirmer dans un univers concurrenciel pour triompher dans le combat pour la vie. Pour ces raisons, il aura été, avant et après 1945, « l'homme de son temps ». Et Johann Chapoutot de s'interroger : comment une société politique libérale peut-elle, en 2021, tolérer des pratiques si antagoniques à ses principes fondamentaux ? Et se satisfaire d'une aliénation quasi absolue d'individus chosifiés, réifiés, réduits à un simple facteur travail, à une « pure ressource humaine », à un « capital productif », à un matériau destiné à satisfaire l'exigence de performance, de productivité, de prospérité et de maximisation des profits exigée des entreprises ?

Évidemment, il serait indécent et honteusement diffamatoire de tisser un lien direct entre les démarches des groupes de protection sociale cités et les doctrines nazies en matière d'organisation et de management. Ce que « dit » simplement la démonstration historique de Johann Chapoutot, c'est que les premières sont l'expression des principes, d'un lexique, d'une finalité, symptomatiques du modèle néolibéral contemporain, à l'origine desquels on croise un général de la SS reconverti en icône du management et de l'organisation du travail. C'est tout. Mais c'est déjà beaucoup, pour qui veut disséquer les tourments de notre époque.

Septembre 2021

Le débat public dans les limbes

Le débat public est orphelin d'éthique. L'antagonisation et l'hystérisation des postures l'ont méthodiquement empoisonné, et les propriétés dévastatrices des réseaux sociaux enterrent tout espoir d'antidote. Le dialogue ainsi meurtri exacerbe le déficit de confiance, hypothéquant l'accomplissement individuel et collectif, et l'éveil des consciences critiques. La parole respectueuse, nuancée, sincère, engagée, directe, honnête, de ceux qui résistent à cette « dictature anarchique » est devenue rare. Comment, alors, s'étonner du désenchantement de la jeunesse, qui peine à espérer et à penser l'avenir ? Et comment, dans ces conditions, croire en l'avènement d'une démocratie éclairante et émancipatrice ?

27 septembre, sur la scène du Théâtre des Célestins de Lyon, dans le cadre du forum d'idées *La Tribune* « Une époque formidable ». Il est 15 heures, le cinquième des huit débats de cette « formidable » journée s'achève. Le président de Renault Jean-Dominique Senard vient de conclure notre dialogue, et voilà que les six cents spectateurs l'applaudissent à tout rompre, certains, même, se levant pour une impressionnante ovation. Cette conversation d'une heure anglée sur l'éthique – du capitalisme, du libéralisme, de l'innovation, de la responsabilité sociale et sociétale des entreprises,

du management, de la géopolitique – n'a fait l'impasse sur aucun tabou. Par exemple sur la *raison d'être* des entreprises, dont l'ancien président de Michelin est à l'origine – en 2018, il corédigea avec l'ex-secrétaire générale de la CFDT Nicole Notat le rapport *Entreprise objet d'intérêt général*[1], qui viendra nourrir la loi Pacte un an plus tard, et en particulier pour les entreprises éveiller l'exigence de connaître et faire vivre leur « raison d'être ».

Ainsi, sa réaction à mes arguments sur la prolifération de « raisons d'être » volontiers creuses, spécieuses, aseptisées par les contraintes juridiques, humus de *greenwashing*, parfois même contraires au comportement social, managérial, environnemental de l'entreprise : illustrer factuellement mon propos à partir du rapport de Reclaim Finance publié quelques jours plus tôt et consacré à l'exploitation pétrogazière dans l'Arctique[2], véritable dévastation environnementale ou écocide. L'ONG positionne BNP Paribas au 7e rang du classement international des banques les plus impliquées dans le financement, et AXA assure 535 des 599 champs de forage. Leur raison d'être ? Celle de la banque est de « contribuer à une économie responsable et durable », celle de l'assureur est d'« agir pour le progrès humain en protégeant ce qui compte »… Symptomatiques cas d'école sur la duplicité que fait jaillir la démonstration des écarts, abyssaux, entre les discours et les actes au

1. Nicole Notat et Jean-Dominique Senard, *L'entreprise objet d'intérêt collectif*, rapport cité, 2018.
2. Eren Can İleri, Henri Her, Alix Mazounie, Lucie Pinson, *Drill, baby, drill; how banks, investors and insurers are driving oil and gas expansion in the Arctic*, rapport, Reclaim Finance, septembre 2021.

moment où est questionné le périmètre – illimité ? – de responsabilité des entreprises à la fois dans la destruction et dans la réparation de la planète vivante.

Par ailleurs, la « raison d'être » de Renault – « faire battre le cœur de l'innovation pour que la mobilité nous rapproche les uns des autres » – et l'exigence éthique à laquelle son président amarre le groupe automobile sont-elles honorées par la récente décision de réinvestir le marché chinois *via* un partenariat avec Geely ? Geely, leader dans un pays que le président Xi Jinping a constitutionnellement arraisonné à son hubris despotique, qu'il précipite dans une logique carcérale digitalisée, qu'il dépossède méticuleusement des derniers espaces de liberté, où il ordonne d'anéantir l'îlot démocratique hongkongais, où il isole une communauté ouïghoure promise à l'éradication ? Limpides, argumentées, sincères, franches, n'éludant rien, et en particulier le *défi de la cohérence* que ces exemples mettent en exergue : ainsi furent les réponses de Jean-Dominique Senard, et c'est cette parole authentique, la considération respectueuse de l'interlocuteur et l'exercice assumé de la nuance qui provoqueront plus tard l'acclamation unanime.

Changement de décor, et direction Israël. Là-bas, les quinze années de règne – dont douze ininterrompues, de 2009 à 2021 – de Benyamin Netanyahou ont creusé un abîme tel avec les Palestiniens qu'aucune démocratie dans le monde, même progressiste, ne se hasarde depuis à espérer le colmater. La diplomatie internationale est atone, et tandis que Mahmoud Abbas étouffe le peuple et l'État dans son déni de démocratie, aucune lumière ne semble poindre. Cela dans l'indifférence quasi générale. Un homme est toutefois en train d'émerger. Il n'est pas élu, il est philosophe.

Il a 47 ans et est chercheur à l'Institut Shalom Hartman de Jérusalem. Il est une plume réputée pour ses écrits sur le judaïsme, le sionisme et la communauté juive à l'épreuve de l'époque contemporaine, il a l'écoute attentive du Premier ministre Naftali Bennett et du ministre des Affaires étrangères Yaïr Lapid. Il s'appelle Micah Goodman, et ses préconisations pour apaiser le conflit israélo-palestinien détonnent. Tranchent-elles par leur radicalité ou leur iconoclasme ? Non. Comme le détaille un article du *Monde*[1], elles visent « simplement » à réduire la tension, lorgnent le « consensus invisible », l'auteur lui-même concède que ses propositions sont « peut-être du vent » et les qualifie « d'ennuyeuses, et elles ne fonctionneront que si elles le demeurent ». Parfois, pour réponse à des interrogations sensibles ou embarrassantes, il dit : « Je ne sais pas ». Peu importe le contenu de ces propositions, l'intérêt, ici, est ailleurs : dans la sincérité, la prudence, la retenue, et même la fragilité de son plaidoyer. Dans le subtil nuancier de ses exhortations.

Entre Jean-Dominique Senard et Micah Goodman, *a priori* rien ne fait commun. Pourtant, si : tous deux apparaissent comme des résistants face au triple diktat de l'antagonisation, de l'hystérisation et de l'extrémisme qui caractérise aussi bien le débat médiatique (intellectuel et politique) que les critères de reconnaissance publique. L'un et l'autre font le choix d'une parole devenue rare : elle « dit qu'elle ne sait pas », elle « considère » celle à laquelle elle se confronte, elle ne se dérobe pas, elle ne manipule pas, elle

1. Louis Imbert, « En Israël, Micah Goodman, l'homme qui prône la "réduction du conflit" », *Le Monde*, 4 octobre 2021.

ne maquille pas ses doutes ni ne dissimule l'incertitude ; elle ambitionne le dialogue fécond, elle veut convaincre sans nier ou humilier l'adversité, elle rejette la tentation du manichéisme et préfère explorer la complexité, elle recherche dans l'infini éventail des *gris* celui qui incarne sa pensée avec le plus de justesse. Elle emprunte l'exigu passage qu'autorise, pour quelque temps encore, la « dictature anarchique » – délicieux oxymore – des réseaux sociaux qui déversent pollution infodémique, populisme scientifique, haine, complotisme, mais aussi sacralisent vacuité, immédiateté, narcissisme et vanité – la commission « Les Lumières à l'ère du numérique » pilotée par le sociologue Gérald Bronner et chargée de faire des propositions contre le complotisme et la diffusion de fausses informations est lestée d'une lourde tâche. Pour « exister » aujourd'hui, il faut hurler fort, grossièrement, éhontément. On peut même, en toute impunité, adopter des positions factuellement fausses et délibérément mensongères, quand bien même ce préalable hérissant d'infranchissables murailles entre les protagonistes annule tout espace possible de « rencontre » – « Comment échanger de manière constructive avec un "platiste" ? ou avec Éric Zemmour affirmant contre l'évidence démontrée par les historiens que Pétain a sauvé les Juifs français ? », s'interroge la philosophe Marylin Maeso. Jamais, dans l'histoire des nations démocratiques, l'éthique du débat public comme celle de la « simple » conversation n'ont été à ce point malmenées.

Le philosophe des sciences Étienne Klein l'a mis en lumière à l'épreuve de la crise pandémique : le chemin de crête séparant « l'ultracrépidarianisme » – à la faveur duquel chacun se croit autorisé d'émettre une opinion même dans des domaines qu'il ne connaît pas – et « l'ipsédixitisme »

– principe selon lequel on croit aveuglément en la parole du maître – s'est considérablement érodé et les abîmes qu'il relie sont devenus vertigineux. Et de rappeler que *débattre* signifie « ce qu'il faut faire pour ne pas se battre »… l'opposé des finalités contemporaines du noble verbe. Dans ces conditions, *éveiller l'esprit critique* de l'agora devient acrobatique. *Établir la confiance* comme clé de voûte des relations humaines devient illusoire. *Revendiquer l'accomplissement individuel* – émancipation, réalisation de soi – et collectif – une démocratie épanouissante – devient donc chimère.

Particulièrement exposée à ce triple défi : la jeunesse – ou plutôt les jeunesses, tant cette population est d'une grande hétérogénéité selon les terreaux social, culturel, géographique, éducationnel, dans lesquels elle grandit. Une jeunesse dont de récentes études étalent le désenchantement. Celle publiée dans *The Lancet*[1] – réalisée auprès de dix mille jeunes, âgés de 16 à 25 ans, de dix pays du Nord et du Sud, riches comme les États-Unis ou pauvres comme le Nigeria – révèle une écoanxiété inédite. Trois chiffres pour l'illustrer : 75 %, 56 %, 39 %. 75 %, c'est la proportion de jeunes qui jugent le futur « effrayant » ; 56 %, ceux qui estiment l'humanité « condamnée » ; 39 %, ceux qui « hésitent à avoir des enfants ». Ce qu'une enquête produite par l'Ifop et développée dans *La Fracture*[2] corrobore implacablement ; en dix ans, l'indice du bonheur chez les jeunes de

1. Elizabeth Marks, Caroline Hickman, Panu Pikhala et al., « Young people's voices on climate anxiety, government betrayal and moral injury, a global phenomenon », *The Lancet Planetary Health*, 7 septembre 2021.
2. Frédéric Dabi et Stewart Chau, *La fracture*, Paris, Les Arènes, 2021.

18 à 30 ans a vacillé : 95 % se disaient « heureux », ils sont désormais 84 % ; 46 % se déclaraient « très heureux », ils ne sont plus que 19 % (lire « La jeunesse prend le pouvoir, Alleluia », p. 193).

Ce désenchantement est la traduction d'un indicible *déficit de confiance* en l'avenir. La défiance en l'avenir, la peur de l'avenir, le rejet de l'avenir, indiquent que le déterminant le plus cardinal des raisons d'être et de faire, l'avenir lui-même, est empoisonné. La foi en l'avenir et en la faculté de contribuer à cet avenir est tétanisée. Comment, dans ces conditions, convaincre la jeunesse qu'elle est la clé de voûte, qu'elle détient les raisons d'espérer et les moyens de construire la civilisation autrement ?

Dans son – remarquable – essai, *Vivre avec nos morts*[1], Delphine Horvilleur raconte les derniers instants d'Yitzhak Rabin, avant qu'un ultranationaliste israélien ne l'assassine. Sur scène, le Premier ministre chantonne un texte, et ce texte indique que l'heure n'est pas à « ressusciter les morts », mais à « réveiller les vivants ». Plus loin dans son récit, l'auteure le constate : « Tout ce que nous construisons solidement finit par s'user ou par disparaître, tandis que ce qui est fragile, éphémère et faillible, laisse paradoxalement des traces indélébiles. »

Réveiller les vivants et mettre en lumière les *trésors de la fragilité*. Réveiller ou éveiller la part de nous-mêmes grâce à laquelle nous pensons et agissons en vivants, pouvons assurer que demain sera vivant, nous escrimons à dissiper le brouillard. Grâce à laquelle nous faisons de nos colères

1. Delphine Horvilleur, *Vivre avec nos morts; petit traité de consolation*, Paris, Grasset, 2021.

qu'elles ne soient pas seulement indignations, et de nos désirs qu'ils ne s'éteignent pas dans la frustration mais au contraire qu'ils fructifient. Grâce à laquelle le progrès n'est plus fallacieusement réduit à l'innovation technique et peut se couvrir d'une majuscule synonyme de *réhumanisation de l'humanité* – l'humanité intrinsèque à chaque âme, l'humanité qui tisse la communauté des destins, l'humanité qui honore équitablement l'ensemble du vivant. L'œuvre d'éveiller l'esprit critique et de stimuler l'accomplissement individuel et collectif se fait à condition d'accorder toute leur valeur au doute, à la nuance, au respect et à l'honnêteté, ciments de la confiance, comme s'y emploient Jean-Dominique Senard dans ses réponses et Micah Goodman dans ses propositions. Des valeurs auxquelles ni le débat public ni l'échiquier politique ne confèrent la moindre reconnaissance. En ce début d'automne, la campagne présidentielle en général et le show médiatique d'Éric Zemmour en particulier le démontrent, qui augurent un printemps électoral et un avenir démocratique délétères.

Octobre 2021

L'Église est une entreprise (presque) comme les autres

Le rapport, dévastateur, de la Commission indépendante sur les abus sexuels dans l'Église catholique (Ciase) publié le 5 octobre dénonce au-delà des exactions commises sur trois cent trente mille victimes : il décortique les mécanismes qui ont favorisé l'émergence et la propagation, pendant des décennies et dans un silence coupable, desdites atrocités perpétrées par les émissaires de Dieu *dans la* Maison de Dieu *à l'encontre des* enfants de Dieu *– ainsi considérés par les disciples de la religion. Parmi les rouages à partir desquels le dysfonctionnement systémique s'est enraciné, figurent un lourd déficit de gouvernance, une conception dévoyée de la responsabilité, une articulation spécieuse des droits – droit canon et droit de la République. Notamment sur ces thématiques, l'Église est une entreprise (presque) comme les autres.*

On serpente dans les travées du musée de l'Orangerie, au rythme des œuvres disposées sur les murs qui accueillent la remarquable exposition Chaïm Soutine et Willem de Kooning. Chez le Russe, des portraits torturés, des visages déformés, des mains démesurément grandes repliées ou désarticulées, des hameaux dressés obliquement, des paysages courbés sous le vent, une végétation qui ploie inexorablement. Une matière épaisse, une superposition de couches. Une couleur éclaboussante, notamment des rouges et des verts aux origines extraordinairement complexes. Et voilà qu'on fait face à *L'Enfant de chœur* (1927-1928), déjà admiré lors de précédentes déambulations dans ce musée qui en est propriétaire. On aimerait y poser de nouveau un regard d'amateur, on aimerait de nouveau déchiffrer le sens de ce portrait et l'âme de cet enfant. Mais cet après-midi du 5 octobre, c'est impossible. On n'aspire pas à *aimer de nouveau*. Quelques heures plus tôt a été rendu public le rapport de la Commission indépendante sur les abus sexuels dans l'Église catholique (Ciase) – ou rapport Sauvé[1], de son (bien-nommé) responsable, un haut fonctionnaire aujourd'hui président de la Fondation Apprentis d'Auteuil, et dont le fruit des deux ans et demi d'enquête sera unanimement salué –, et le regard doux, docile et inquiet du sujet de Soutine se drape alors d'un terrible symbole : celui des trois cent trente mille victimes des crimes sexuels perpétrés dans l'Église de France par au moins trois mille prêtres et religieux, et par des laïcs.

Ce rapport irrigue des enseignements et soulève des questionnements qui dépassent le périmètre ecclésial où l'indicible a été commis pendant des décennies. Leur universalité fait résonance avec des réalités et à des actualités que traverse l'entreprise. À propos notamment de *gouvernance*, de définition de la *responsabilité*, d'articulation des *droits*. Car oui, l'Église est une entreprise. Une entreprise certes très singulière, parce qu'elle est mue par une « raison d'être » mystique, parce qu'elle mêle disciples de Dieu

1. Jean-Marc Sauvé, *Les violences sexuelles dans l'Église, France 1950-2020*, rapport pour la CIASE, 5 octobre 2021.

et laïcs, salariés et bénévoles, parce qu'elle (est censée) applique(r) les principes de la doctrine sociale, parce que l'omnipotent primat moral provoque de multiples tensions, parce qu'elle doit jongler en permanence entre des droits canon et civil parfois inconciliables voire antinomiques, parce qu'elle « cohabite » avec des règles marchandes auxquelles à la fois elle répugne, se soumet… et sait goûter avec succès. Une entreprise donc très *unique*, mais une entreprise quand même, sommée comme les autres d'adopter les règles de droit – social, comptable, immobilier – universelles.

Le rapport stigmatise un « phénomène systémique » par lequel la hiérarchie de l'institution, et cela quelles que soient les strates décisionnelles, s'escrimait à taire, à nier, à camoufler les violences. Au cœur de ce constat, une gouvernance qui fait fi des règles de séparation des pouvoirs et de contrôle interne, qui ouvre insuffisamment ses instances aux laïcs et aux femmes. Un « entre-soi » à l'abri sous une « chape de silence », une solidarité endogamique propice à couvrir les exactions et à se protéger collégialement des menaces d'éruption. Une gouvernance obscure, favorable à de sourdes rivalités et d'âpres luttes d'influence, une gouvernance dont les pouvoirs sont concentrés à l'excès entre les mains omniscientes de l'évêque. Une gouvernance qui ne prépare ni ne forme les hiérarques aux subtilités, souvent électriques, du management.

Or le management s'avère, là aussi, particulier, car se confondent dans la dualité et/ou la duplicité les devoirs du prêtre – qui « doit » à Dieu – et ceux du collaborateur de l'Église – qui « doit » à sa hiérarchie « humaine ». Des devoirs difficiles à concilier, des conflits de loyauté sources d'incompréhension, des situations proprement schizophréniques lorsque les *propriétés humaines* faites d'ambition, de pouvoir, d'influence, d'avidité, d'autorité, d'efficacité, se heurtent aux *propriétés spirituelles* portées par la bienveillance, l'altruisme, le désintérêt. Quand ces deux parties dissonent, comment arbitrer entre le contrat de travail et le contrat avec Dieu ? Entre l'autorité du supérieur et celle de Dieu ? Entre l'intérêt de l'Église et celui des croyants ? La liste des tensions est presque illimitée.

Une gouvernance ouverte, éclairée et sanctuarisée par des contre-pouvoirs, tributaire de dispositifs de contrôle externe exigeants et transparents, tournée vers l'exigence managériale, détermine une conduite déontologiquement rigoureuse. Que l'on soit Église ou entreprise.

Qui est responsable ? La question est centrale dans l'examen minutieux qu'ont produit les vingt-deux membres de la commission sous la direction de la sociologue Nathalie Bajos. Centrale et plurielle, et donc d'une grande complexité – surtout qu'elle s'adosse à un particularisme supplémentaire, propre à l'Église : la responsabilité à l'égard de Dieu, la responsabilité que les religieux doivent aux « enfants de Dieu ». En filigrane : les religieux et les laïcs coupables des violences doivent-ils être les seuls responsables poursuivis pénalement ? Jusqu'à quel niveau la responsabilité de ceux qui ont couvert les crimes au nom de leur fidélité à l'institution doit-elle être engagée ? Peut-on solliciter une responsabilité collective pour des faits individuels et/ou commis il y a plusieurs décennies ? L'institution elle-même doit-elle être tenue pour responsable ? Si oui, cette responsabilité est-elle limitée aux diocèses ou ramifie-t-elle jusqu'au Vatican ? Ensuite, sur les plans pénal comme civil, d'abord *qui* et *comment punir*, et ensuite *comment réparer* ?

La Ciase ne tergiverse pas : l'Église endosse une responsabilité au caractère à la fois individuel et systémique, une responsabilité juridique autant pénale que civile, au titre desquelles elle doit assumer une « démarche de vérité et de réparation ». Circonstance (très) aggravante : les représentants de l'Église étant assimilés par les croyants aux émissaires de Dieu, et donc sacralisés dans une autorité spirituelle et morale quasi irréfragable, qu'ils aient perpétré ou sciemment couvert ou lâchement nié les exactions les place dans une position intenable. Mais dans ce cas, comment « assume-t-on » sa responsabilité ? Par la contrition, la démission, le portefeuille, la remise en cause profonde voire radicale de certains principes et dogmes ? Sans doute les quatre à la fois. Cela commence par mettre un mot concret sur les actes terribles. Par exemple, faire référence à la *réparation*, à l'*indemnisation*, et non pas à la simple *contribution financière* comme s'y emploient encore nombre de hiérarques afin de minorer la reconnaissance de leur responsabilité. Par exemple aussi, comme y invite le rapport Sauvé, à ne pas recourir aux dons des fidèles pour financer les réparations, « car cela ne serait pas cohérent avec la démarche de reconnaissance d'une responsabilité de l'Église en tant qu'institution ». Ou comment l'épargne publique et la poche des actionnaires doivent être sollicitées de manière proportionnée à la nature d'un cataclysme ravageant l'entreprise.

En matière civile, les préconisations de la Commission ouvrent grand les portes à des contentieux aux répercussions financières considérables pour l'Église. Jamais encore un évêque n'a été poursuivi pour d'autres agissements que ceux personnellement commis ; le rapport « change substantiellement la donne en matière d'indemnisation des victimes » juge la Ciase, et nul doute que les défenseurs des victimes et, face à eux, les assureurs des représentants de l'Église ont commencé de fourbir leurs armes. Le combat juridique, qui portera sur l'éligibilité des statuts à de telles poursuites et sur le lien de subordination des prêtres envers leur évêque, s'annonce épique, avec en ligne de mire le récent séisme qui a frappé outre-Atlantique : en septembre, l'assureur The Hartford annonçait un accord à hauteur de 787 millions de dollars avec l'association Boy Scouts of America, au sein de laquelle au moins quatre-vingt-dix mille personnes ont déclaré avoir été victimes d'abus sexuels.

Tout patron le sait : il exerce une responsabilité quasi totale sur les méfaits, délits, manquements et accidents provoqués au sein de son entreprise. Même lorsqu'il est étranger ou ignorant desdits agissements, et même, en cas d'accident, lorsque la victime a délibérément et secrètement transgressé le règlement. Responsabilité « morale » et responsabilité judiciaire ne font décidément pas bon ménage. Mais à cette aune, si les congrégations sont déclarées responsables des forfaits commis par leurs membres, cela signifiera au moins l'alignement des « mondes » religieux et entrepreneurial. « Plus on s'éloigne du cœur de l'infraction, plus la responsabilité est faible. Mais on porte une solidarité, et on doit réparer car une injustice a été commise », résume subtilement dans *La Croix*[1] un dominicain… sous couvert d'anonymat. Peut-être ce qu'il faut dénommer

1. Clémence Houdaille, avec Mélinée Le Priol, « Abus sexuels : quelle responsabilité pour l'Église », *La Croix*, 6 octobre 2021.

exemplarité? Le « cas » Reinhard Marx est explicite. Le 21 mai 2021, le cardinal allemand remit sa démission au pape en signe de « coresponsabilité de la catastrophe des abus sexuels commis par les responsables de l'Église ». François la lui refusa, l'exhortant à « assumer personnellement et communautairement » la déflagration.

Enfin, le droit, et plus précisément l'articulation et la hiérarchie des droits, est questionné. Ce qui, au moment où, à Varsovie, le Tribunal constitutionnel met fin à la subordination du droit polonais au droit européen et lève un obstacle clé sur le sentier, miné mais tracé, menant à un « Polexit », propose là encore une interprétation qui dépasse les frontières de l'Église. Partout en Europe, les débats sur la situation (suprématie ou sujétion) des souverainetés nationales à l'égard du droit européen font rage. Les pays de l'Est, dépossédés de souveraineté pendant les décennies inféodées au joug soviétique, sont les premiers à dégainer ; mais comme l'exposent le début de la campagne présidentielle et la doctrine populaire des Zemmour et autres Le Pen, la France est elle aussi contaminée. En effet, ces joutes font concrètement écho à celles qui fracturent la communauté des croyants et le cénacle des acteurs et des dirigeants au sein de l'Église. Car sont placés en adversité frontale les droits de la République et ceux de l'institution – et même ceux, théologiques, de la Bible. Le droit canon face aux droits de l'État, tous deux – pour des aspirations antithétiques – confluant sur les droits *humains*, dévastés, de trois cent trente mille enfants et adolescents. Ou comment l'exigence du droit supérieur d'une minorité lézarde l'édifice du droit commun pour tous. Dans ces conditions, « oser », comme le fit le président de la Conférence des évêques de

France, Mgr Éric de Moulins-Beaufort, considérer le droit au secret dans le confessionnal « plus fort que les lois de la République » est indigne. Délétère, et de toute façon infractionnel lorsque l'objet du secret porte sur d'atroces sévices. Vite rentré dans l'ordre, cet insupportable écart de sémantique ne doit pas assombrir une réaction d'ensemble, *dans les paroles*, encourageante. De François exprimant sa « honte » aux prêtres partageant des homélies sans concession dans la discrétion de leur paroisse, la prise de conscience apparaît proportionnée à l'ampleur de la déflagration. Dans la parole, oui. Mais ce n'est qu'un début. L'essentiel est à venir… et à prouver : dans les actes.

Octobre 2021

Métavers, mégapervers

« Inconnu » mais bien réel: c'est ainsi que le rapport, alarmiste, de l'Organisation météorologique mondiale présenté le jour de l'ouverture de la COP 26 à Glasgow désigne le « territoire » vers lequel l'état déliquescent de la planète entraîne l'humanité. Inconnu aussi, mais virtuel: c'est l'univers que Mark Zuckerberg promet aux futurs clients de Metaverse. Un « internet incarné », à l'intérieur duquel nous pourrons travailler, nous divertir, voyager, pratiquer un sport… et surtout consommer. La belle vie, quoi! Face à la très concrète urgence climatique et environnementale, le patron de Facebook, Instagram et autres WhatsApp – désormais réunis sous la bannière Meta – opte pour l'illusion. Tout comme ses coreligionnaires de l'oligarchie « numérique » fascinés par l'espace, il fait le choix, par cette dérobade et cet artifice technologiques, de fuir. De déserter, plutôt que d'affronter une planète que son « œuvre » elle-même et les milliards d'utilisateurs contribuent à démolir. Mais faut-il s'en étonner quand l'époque est à nier la poésie? D'ailleurs, qu'aurait pensé de cette fantasmagorie dystopique le si contemporain Georges Brassens, dont on commémore le centième anniversaire de la naissance?

On ne compte plus les rapports qui font la démonstration d'une planète au « pronostic vital engagé ». Celui de l'Organisation météorologique mondiale (OMM) révélé le 31 octobre, jour de l'ouverture de la COP 26 à Glasgow – au cours de laquelle les dirigeants du monde auront rivalisé de déclarations spécieuses –, n'en est qu'un de plus[1]. Il vient consolider les autres études, et annonce une cascade de bilans et de perspectives plus sombres les uns que les autres. Parmi eux, des concentrations records en 2020 des trois principaux gaz à effet de serre (méthane, dioxyde et protoxyde d'azote), plus élevées que la moyenne annuelle de la période 2011-2020. La dégradation des océans et l'élévation du niveau de la mer, s'émeut l'OMM, ont franchi un palier nouveau, suite à un réchauffement marin d'une ampleur elle aussi inédite. « Au large des côtes à l'échelle mondiale, le pH de surface – qui conditionne la capacité d'absorption par l'océan du CO_2 répandu dans l'atmosphère – n'a jamais été aussi bas depuis au moins vingt-six mille ans. » En 2021, pour la première fois dans l'histoire connue de l'Arctique, la pluie a remplacé la neige au point culminant de la calotte du Groenland. La perte de masse des glaciers de montagne a doublé sur la période 2015-2019 par rapport à 2000-2004. Les effets du réchauffement climatique sur le dérèglement climatique sont pléthore : une partie de l'Amérique du Nord était dévastée par une chaleur et des incendies d'une exceptionnelle intensité quand une autre connaissait une vague de froid jusqu'alors inconnue. Et que dire des drames (précipitations incontrôlables, inondations, mégafeux) qui frappent partout sur le globe ? Des conséquences tragiques pour les économies et les peuples les plus vulnérables, exposés au dénuement, à l'agonie et à la famine ? Etc. Etc. Mais ce qu'il faut retenir en premier

1. WMO, *State of the global climate 2021 : WMO provisional report*, octobre 2021.

lieu de cette étude est d'ordre sémantique. « La planète est propulsée dans un territoire inconnu », indiquent ses rédacteurs. Inconnu. *Inconnu* mais bien *réel.*

Inconnu aussi, mais cette fois *irréel*: c'est le territoire vers lequel Mark Zuckerberg veut désormais emmener les milliards de sujets qui composent la fourmilière de ses réseaux sociaux Facebook, Instagram, Messenger et autres WhatsApp. Ce territoire est dénommé Metaverse, il sera façonné par une maison-mère rebaptisée Meta, et personne mieux que Laurent Solly ne le définit. Dans ce « nouvel univers », dans cet « internet incarné » où chacun pourra déployer sa vie sous la forme d'un avatar ou d'un hologramme, le directeur Europe du Sud du géant américain promet que nous serons « en connexion avec nos proches avec une grande différence par rapport à ce qui se passe aujourd'hui », et que nous éprouverons « un sentiment de présence physique dans un environnement virtuel grâce à des technologies qui nous permettront de ressentir cette présence ». Il assure que nous cultiverons « des interactions sociales plus immersives, plus engageantes, avec des émotions différentes de celles avec nos smartphones », et qu'équipés de casques de réalité virtuelle et augmentée, nous pourrons tout à la fois travailler, nous divertir, voyager, pratiquer un sport, dialoguer… et bien sûr exaucer la quête prioritaire de cette grande aventure: consommer. « Au lieu de regarder un écran, nous serons plongés dans l'expérience elle-même », synthétise le responsable de Facebook Reality Labs, Andrew Bosworth. L'emploi du temps futur est déjà dépassé. Les secteurs de la mode, du luxe, du sport, de la grande distribution, de l'art, multiplient les premières expérimentations, la plupart d'entre elles associées aux nouvelles formes de transactions dites Non Fongible Token (NFT). L'immobilier n'est pas en reste : dans l'avatar The Sandbox, une parcelle de terrain (fictive donc) jouxtant celle du rappeur américain Snoop Dog a été vendue 450 000 dollars…

La belle vie, quoi. Celle d'un « confinement » nouveau et durable à l'heure où nous nous extrayons tout juste de celui dans lequel la pandémie nous a plongés, sourit (jaune) le sociologue Dominique Cardon. Peu importe qu'elle fasse l'impasse sur la problématique, cardinale, de sa régulation. Peu importe qu'un tel monde gonfle les poches de Meta du « nerf de la guerre » à laquelle se livrent les rapaces américains et chinois : les données personnelles des utilisateurs. Peu importe, enfin, qu'une telle métamorphose identitaire et « éditoriale » surgisse comme par hasard au moment où Facebook traverse une tempête politique – mis en cause par le Congrès américain et l'Union européenne – et surtout réputationnelle, exacerbée par les révélations de la lanceuse d'alerte France Haugen. Où il apparaît que la ramification algorithmique est devenue ivre, que de graves failles et d'importantes démissions de collaborateurs lézardent le département Integrity chargé de « penser la modération » et de juguler les – nombreux – périls éthiques, que des menaces concrètes – sur la santé mentale des enfants utilisateurs d'Instagram, sur la propagation de la désinformation, sur la fragilisation des démocraties – ont été délibérément dissimulées ou niées.

La crise de défiance lézarde l'édifice, mais les pieds du colosse ne sont pas d'argile : d'une part, l'inféodation des utilisateurs de ses applications dépasse l'enveloppe de leur conscience ; d'autre part, sa capitalisation boursière, certes en recul depuis l'irruption des attaques, demeure

« confortable » : plus de 900 milliards de dollars… de quoi financer quelque « joyeux » territoire inconnu, avec déjà 10 milliards de dollars investis en 2021 et la prévision de dix mille recrutements en Europe d'ici cinq ans.

Oui, la belle vie. Mais une vie *virtuelle*, une échappatoire *artificielle*, un territoire d'*illusions*. Un dessein qui peut être résumé à un verbe : fuir. Les compagnons d'hubris de Mark Zuckerberg, les nervis du scientisme qui ont pour nom Branson, Bezos, Musk et s'emploient à privatiser, à coloniser et à marchandiser l'espace (voir « Branson, Bezos, Musk, les fossoyeurs de l'espace », p. 103), n'ont d'autre dessein que de proposer une alternative à la fois chimérique et pleutre, inégalitaire et thaumaturgique à la dislocation de la planète, au dépérissement et à l'éradication annoncée d'une partie toujours plus élevée des vivants, *du* vivant. Ce vivant auquel ils s'estiment étrangers, cette « nature » que l'espèce humaine dénomme ainsi pour s'en distinguer et l'accaparer – alors que l'espèce humaine n'est qu'un vivant parmi les vivants et ne peut espérer sauver la terre des vivants qu'à la condition de se considérer l'égale de toutes les autres. Fuir la planète que l'on détruit soi-même, créer des îlots de survie pour échapper au cataclysme que l'on a préparé, n'est-ce pas un acte de *désertion* ?

Au contraire des programmes Blue Origin et Space X, Metaverse ne soustraira pas les *corps* aux tragédies climatiques, économiques, sociales, migratoires, de la planète. « Simplement », il protégera et libérera les *consciences* d'un environnement toujours plus irrespirable. Il encellulera les âmes dans un espace où les frontières cloisonnant le réel de l'irréel s'effacent, où tout devient poreux : le vrai et le faux, le fait et l'interprétation, le concret et le mirage. Le prédateur et la proie. Le réel n'est plus seulement réel, il tutoie l'hallucination, le mirage, le fantasme, le songe, il est à la merci des mécanismes d'instrumentalisation de l'esprit, *y compris* ceux qui modélisent artificiellement le goût, le désir, le plaisir. *Y compris*, ou plutôt *surtout* ceux qui domestiquent et docilisent lesdits esprits. Metaverse incarne de manière paroxystique cette oligarchie de *big firms*, américaines et chinoises, que le généticien Axel Kahn assimilait avec justesse aux « Big Brothers du XXIe siècle ».

Bien des raisons conduisent à l'émergence d'un projet de civilisation aussi captieux. L'hégémonie productiviste et extractrice, l'érosion des religions « raisonnables » – lesquelles, toutefois, n'échappent pas à la duplicité quant au rapport de souveraineté, arbitré par « Dieu », des hommes sur le reste des vivants et sur les ressources naturelles –, l'empire technologiste, l'hypermatérialisme et l'anthropocentrisme carnassiers ont donné naissance à ce type de récit dystopique, à ces redoutables impostures. D'autres venins ont contaminé l'époque jusqu'à « légitimer l'illégitime »: individualisme, « archipélisation » des sociétés, creusement ininterrompu des inégalités, disqualification des gouvernances internationales, affaiblissement des autorités d'État, crise(s) de la démocratie, etc. Une quasi-disparition occupe une place non négligeable dans cet inextricable mikado, une quasi-disparition qui résulte de l'omnipotence exercée par ces tyrannies contemporaines, une quasi-disparition presque imperceptible et pourtant tragique: celle de la poésie.

La détérioration du vivant, le dépérissement de la biodiversité, la hâte – de faire, de posséder, de croître –, la fragmentation des peuples, l'enlaidissement et l'appauvrissement des paysages, la fraternité et la gratuité – d'un geste, d'un regard, d'une parole – irréversiblement déclinantes, retirent à la poésie ce qui l'inspire. Comment écrire, peindre, jouer, composer, danser, sculpter le beau, l'imaginaire, le rêve et l'espérance, lorsque peu est beau, fertilise l'imaginaire, fait rêver, éveille l'espérance ?

La poésie possède une propriété intrinsèque : elle emmène celui qui la compose et celui qui la reçoit « ensemble » vers un *territoire inconnu*. Un territoire qui n'est pas *réel* comme celui du rapport de l'OMM, un territoire qui n'est pas *chimérique* comme celui de l'espace, un territoire qui n'est pas *virtuel* ou *artificiel* comme celui auquel Meta veut nous destiner. Un territoire qui n'est pas désertion et exil. Non, ce *territoire inconnu* est celui des émotions, il est celui des sentiments en contrastes et en nuances, il est celui qui fait cohabiter l'*extase* et la *raison*. Il est ontologie et onirisme, il est évasion et responsabilité, il est intériorisation et partage, il est silences et répits, il est compréhension et ce qui doit échapper à la compréhension. Le monde esquissé par une poignée de bâtisseurs des nouvelles technologies est autant une négation de la poésie qu'un poison pour la poésie.

Quelques jours avant l'annonce fracassante de Mark Zuckerberg, était commémoré le centième anniversaire de la naissance de Georges Brassens. Notre époque ruisselle de la poésie du Sétois, quarante ans après sa mort. Féminisme, hystérisation, irrévérence, liberté, engagement, altruisme, xénophobie, marginalité, religion, pacifisme, misogynie, réputation, adultère, préjugés, radicalisme, sobriété, humanité, fraternité…, nombre d'items de notre actualité furent visités avec grâce (souvent) et fracas (parfois) par la prose et par les cordes de l'amoureux des chats. « Ses textes sont une formidable boîte à outils pour décoder » notre contemporanéité, mais aussi pour « la critiquer et en rire, si possible », a raison d'indiquer le linguiste Louis-Jean Calvet[1]. Qu'aurait « dit » Brassens de Metaverse ? L'aurait-il moqué, vomi, salué ? S'y serait-il seulement intéressé ? Inutile d'essayer d'extrapoler – ce serait d'ailleurs injurier la conscience, si libre, et la mémoire de l'homme à la pipe. Il est toutefois peu probable qu'il s'en serait amusé.

Novembre 2021

1. Odile de Plas, « Georges Brassens : cent ans après sa naissance, un garçon toujours dans le vent », *Télérama* n° 3746, 27 octobre 2021.

« Moi, Norbert, patron, je voterai Zemmour »

Le virus Éric Zemmour n'épargne pas la communauté des chefs d'entreprise. Une contagion incompréhensible, et même antinomique lorsque les attributs de l'entreprise sont confrontés aux doctrines et aux fantasmes du colporteur de haine. Qu'il est difficile d'admettre que des patrons congénitalement responsables adoubent un candidat à la présidentielle aussi irresponsable... La démonstration factuelle ne suffit peut-être pas ? Alors, osons la fiction. Dressons le portrait-robot d'une entreprise de taille intermédiaire familiale aux ordres de l'idéologie zemmourienne. De quoi sourire (un peu) et blêmir (beaucoup).

« Je suis frappé par le nombre de chefs d'entreprise qui me confient être sensibles au projet d'Éric Zemmour. » Ce constat d'un hiérarque du Medef pourrait être inoffensif s'il traduisait le transfert vers le fondateur de Reconquête d'un électorat hier dévolu au Rassemblement national. « Mais ce n'est pas le cas. Et c'est ce qui est troublant », poursuit-il. L'atonie de la primaire LR, embourbée dans un agenda anachronique, un panel de compétiteurs essoufflés et une offre programmatique depuis longtemps siphonnée par le chef de l'État, est une explication. Mais parmi bien d'autres.

À quoi ces dirigeants et ces entrepreneurs sont-ils sensibles ? Bien sûr aux promesses, la plupart floues, non chiffrées, voire inconstitutionnelles, qui portent sur la fiscalité – réduction drastique des impôts, des charges patronales et autres prélèvements obligatoires, des coûts de transmission des entreprises, etc. –, le droit du travail – augmentation de l'âge de la retraite, remise en cause des 35 heures –, la monnaie – maintien de l'euro –, la souveraineté du marché domestique – relocalisation de la production, relance industrielle, taxation aux frontières –, la débureaucratisation de la France et de son organisation administrative. Ils sont sensibles à l'engagement de *laver* le système de protection sociale de ses abus, de le *purifier* d'un assistanat délétère, et de le réserver aux *bons* Français – après que les étrangers extra-européens en auront été exclus. Ils sont sensibles au serment d'inverser la hiérarchie des droits et de ne plus subordonner le droit français à sa tutelle européenne, ils sont sensibles aux leviers déformants de souveraineté qui convoquent de s'affranchir de la Cour européenne des droits de l'homme, et en France de la Cour de justice et du Conseil constitutionnel… c'est-à-dire, au final, de l'État de droit, selon les mêmes mécanismes idéologiques et tactiques déployés par Donald Trump, Viktor Orbán ou les caciques du PiS polonais.

Et « peu importe », semblent s'accorder ces patrons-panégyristes.

Peu importe que les promesses d'Éric Zemmour soient des lieux communs ou des chimères. Peu importe qu'il manipule outrancièrement quelques sujets de société réels menacés de paroxysme – intersectionnalité, wokisme, antiracisme, conformisme – et qui n'épargnent pas l'entreprise. Peu importe qu'à l'énonciation d'une vision (réelle ou non) libérale de l'économie, l'auteur de *La France n'a pas dit son dernier mot*[1] se perde dans les contradictions et mêle les incompatibilités les plus grossières. Peu importe qu'il affiche son scepticisme ou sa morgue quant au réchauffement climatique, au dépérissement de la planète et à la parole scientifique.

Comment ces entrepreneurs peuvent-ils être sensibles au discours d'Éric Zemmour ? En effet, *tant* de sa pensée contrevient radicalement à la réalité, aux intérêts et aux vertus de l'entreprise. Pour s'en convaincre, quelques exemples suffisent.

Il promeut la discrimination, la ségrégation, la fracture d'une partie de la population française, sa rhétorique est xénophobe et raciste, il professe la haine – comme l'estime le parquet, qui, le 17 novembre, a requis la condamnation pour son assimilation des mineurs étrangers à des « voleurs, des violeurs et des assassins » –, il s'exprime publiquement par un doigt d'honneur, quand l'entreprise est (ou se doit d'être) un levier d'inclusion, un espace d'intégration et d'égalité, un terrain de sociabilisation et de pacification du débat public.

Il se moque des faibles et des fragiles, quand l'entreprise a le devoir – et souvent l'intérêt, social et productif, comme c'est le cas avec les personnes handicapées – de leur porter attention.

Il antagonise et hystérise opinions et consciences, quand l'entreprise ne se développe (quand tout va bien) et ne survit (quand tout va mal) que lorsque son corps social est solidaire et tendu vers un dessein partagé.

1. Éric Zemmour, *La France n'a pas dit son dernier mot*, Paris, Rubempré, 2021.

L'ancien PDG d'Elf Aquitaine Loïck Le Floch-Prigent, qui fut condamné et incarcéré à plusieurs reprises, a son écoute attentive, quand l'entreprise doit affermir son image et pour cela solidifier son intégrité.

Il méprise la cause environnementale en particulier et les causes altruistes en général, quand l'entreprise – pressée par ses *stakeholders*, clients et salariés en tête – est sommée de l'intégrer *réellement* à sa politique RSE et même à sa stratégie globale.

Il dénigre l'enjeu d'égalité des sexes et anathématise les revendications féministes, quand l'entreprise est le lieu à la fois le plus coupable – depuis le 3 novembre et jusqu'au 31 décembre, les femmes travaillent gratuitement –, mais aussi le plus questionné et parfois le plus proactif en la matière.

Chaque nouveau jour exhibe des déclarations polémistes, intrinsèquement incompatibles avec la substantifique moelle de l'entreprise. Au final, tout des doctrines d'Éric Zemmour est stigmatisation, opprobre, déclinisme, alors qu'être patron, c'est chercher à entraîner l'entreprise, même lorsque la conjoncture la fait chanceler, vers une *possibilité de meilleur*.

Oui, comment expliquer que des patrons saluent un homme incarnant la négation même des attributs de l'entreprise ? Comment expliquer que ces entrepreneurs par essence pragmatiques et lucides soient disposés à porter au pouvoir un journaliste essayiste-polémiste dénué de toute expérience et de toute compétence à piloter le plus petit collectif de travail ? La puérile et redoutable « simplification » de ses analyses, de son langage et de ses propositions, le savant mélange d'inepties et de mensonges symptomatique de son projet de société (et macroéconomique), comment expliquer qu'ils ne soient pas balayés d'un revers de la main par des dirigeants confrontés à l'extraordinaire « complexité » des situations, des arbitrages, des décisions, qui fait leur quotidien et une source d'intérêt centrale de leur mission ? Comment, en définitive, admettre que des patrons congénitalement *responsables* adoubent un candidat à la présidentielle aussi *irresponsable* ? Mystère. Les trois cents d'entre eux réunis par le réseau régional d'entrepreneurs Hainaut Business Club pour l'écouter le 1er octobre à Valenciennes l'ont-ils applaudi ?

Puisque le ridicule ne tue pas, et nonobstant une caricature parfaitement assumée, amusons-nous à dessiner le portrait-robot d'une entreprise « zemmourienne » et à en décliner quelques grands principes.

Norbert Guygal, apôtre de la première heure d'Éric Zemmour, est aux commandes d'une belle entreprise de taille intermédiaire familiale et éponyme, qui fabrique et commercialise des plastiques – certains de haute technologie – destinés pour l'essentiel aux marchés du tabac et de l'armement. Frères, fils, cousins, neveux, verrouillent le capital et se partagent les instances décisionnelles d'un groupe prospère qui emploie deux mille huit cents salariés. Le siège social est implanté à Bordeaux, les cols… bien « blancs » évoluent dans l'Hexagone, les chaînes de production sont pour l'heure réparties au Viêt-nam et en Birmanie. Des tractations sont en cours pour héberger une partie de la production future dans la province chinoise (et accessoirement ouïghoure) du Xinjiang, et les bonnes relations de Norbert avec l'entourage de Modi et de Bolsonaro augurent d'importants investissements en Inde et au Brésil. Rapatrier les usines de fabrication en France : ce serait bien, juge Norbert,

« mais faut quand même pas déconner. Filer du travail à nos Arabes et renchérir nos coûts, hors de question. »

La *raison d'être* de Guygal Plastics ? « Honorer la quête légitime de consommer plus et partout dans le monde, en offrant un emballage plastique performant auquel ont contribué le savoir-faire, la discipline, l'abnégation de chaque salarié français ».

La *gouvernance* de la SAS était jusqu'à il y a peu exclusivement masculine. La fâcheuse loi Copé-Zimmermann[1] a bousculé les bonnes vieilles habitudes, et des femmes sont donc venues occuper quelques strapontins du conseil de surveillance. Elles sont, heureusement, sous contrôle, puisque ce sont les filles et les brus de Norbert.

La *politique ressources humaines* ? Bon, il existe malheureusement des lois avec lesquelles Patrick, frère jumeau de Norbert et DRH, doit composer. La plus contraignante est l'interdiction d'adopter une politique de recrutement discriminatoire. « Nous n'avons même pas la liberté d'embaucher qui on veut », peste celui qui préside également la Fédération française de chasse à courre. Mais bon, « les ficelles », il les connaît « sur le bout des doigts », il a sollicité massivement les réseaux catholiques dont il est proche, et ainsi a réussi la prouesse de composer un corps social exclusivement blanc. « Lutter contre le spectre du grand remplacement et faire barrage à l'islamisation de la société : c'est aussi notre vœu, et notre entreprise a la responsabilité et même le devoir d'y participer. Sans préférence nationale

1. Loi, adoptée le 20 janvier 2011, « qui impose des quotas de femmes dans les conseils d'administration et de surveillance » (ministère du Travail, de l'Emploi et de l'Insertion).

et confessionnelle, impossible d'y parvenir. » Et tant pis si cela condamne l'entreprise à une fossilisation créatrice et culturelle, à s'encalminer dans une endogamie suicidaire, à se fermer de formidables opportunités. Fidèle à ses idées, Patrick. Une vertu qu'il « partage avec Éric ».

La *politique sociale* ? Réduite au néant qu'autorisent des textes de loi « qu'il faudrait bannir ». Les syndicats de salariés sont vomis chez Guygal Plastics, car ils incarnent ces entraves, ces contre-pouvoirs auxquels Éric Zemmour exhorte de « retirer le pouvoir, puisqu'ils sont *devenus* le pouvoir ». Les collaborateurs de Guygal Plastics sont élevés dans le culte de l'entrepreneur-roi et dans la culture du mérite et de l'individualité, contre lesquels tout contre-pouvoir apparaît comme un ennemi.

La *politique fiscale* ? S'il existait un Award de l'optimisation, la famille Guygal triompherait chaque année. D'ailleurs, Étienne, l'un des petits-fils de Norbert, fraîchement diplômé d'une obscure école de commerce, a comptabilisé le temps que son grand-père et ses aïeux consacrent à la prospérité fiscale de leur patrimoine : « Au moins deux semaines par mois », s'en est-il amusé un soir de réveillon de Noël devant toute la famille, hilare, réunie dans le chalet de Courchevel.

Enfin, le groupe se sent-il investi d'une *responsabilité environnementale, sociale et sociétale* ? L'opinion de Norbert est contrastée.

Environnementale ? « Non. Je ne crois pas à la dystopie pronostiquée par tous ces pseudo-scientifiques financés par des régimes gauchistes, instrumentalisés par l'Union européenne et aux mains des ONG. Donald Trump était visionnaire de discréditer ces maudits prophètes de l'apocalypse climatique. »

Sociale? « Oui, mais au profit de ceux qui épousent notre doctrine. Jean-Marie Le Pen avait raison de déclarer qu'il préférait sa famille à ses amis, ses amis à ses voisins, ses voisins à ses compatriotes, ses compatriotes aux Européens. Eh bien, nous, c'est un peu pareil. On s'occupe de ceux qu'on aime en priorité. Et ceux qu'on aime en priorité, ce sont ceux qui partagent notre vision de la société. »

À ce titre, le volet *sociétal* est-il présent dans la RSE de Guygal Plastics? « Absolument ». « Il est même cardinal », corrobore son plus jeune frère, Christophe. « L'entreprise est devenue l'agora, un espace indépendant de réflexions et de débats qui manque partout ailleurs aujourd'hui, excepté dans les médias de notre ami Vincent Bolloré. L'entreprise apparaît comme un tuteur pour pallier le discrédit des politiques et le déclin de la religion catholique. C'est pourquoi nous proposons dans notre auditorium de Bordeaux une belle programmation de débats et de prestigieux penseurs (Marion Maréchal, Steve Bannon, un représentant de la Fraternité sacerdotale Saint-Pie-X, et même le Premier ministre polonais Mateusz Morawiecki) pour la nourrir. Par exemple, prochainement: "Rétablir la peine de mort pour restaurer la sécurité?", "À quoi l'Union européenne sert-elle?", "Trump peut-il revenir en 2024?", "L'islam est-il une menace pour la démocratie?", "PMA, GPA, Mariage pour tous, avortement: vers une civilisation décadente?", "Vladimir Poutine, un exemple ?". Pour preuve de « notre impartialité, tout débat est titré avec un point d'interrogation », complète Christophe Guygal, par ailleurs professeur vacataire à l'Institut de sciences sociales économiques et politiques créé par la nièce de Marine Le Pen.

Cette fiction ressuscite un désagréable souvenir. Je participais à un dîner auquel étaient conviés une quinzaine de chefs d'entreprise riches d'un parcours entrepreneurial singulier. Peu se connaissaient, certains étaient accompagnés de leur épouse, et autour de la longue table dressée dans cet établissement emblématique de la gastronomie lyonnaise, les conversations se superposaient. Le temps s'étirait lentement. Lorsque le dessert fut servi, à l'une des extrémités de l'assemblée, un patron murmura à son voisin : « J'en peux plus de cette immigration. » « Bien d'accord », répliqua son interlocuteur d'un ton suffisamment relevé pour qu'un troisième puis un quatrième puis un cinquième convives entendent… et renchérissent. L'information se propagea instantanément et parvint au bout opposé de la table. Et voilà que le plus célèbre des hôtes, enfiévré par cet orage nauséabond, hurla publiquement son dégoût des étrangers. Sa femme jubilait. Les acquiescements fusaient, les sourires narquois réverbéraient. Ma répugnance était à son comble, je cherchais du regard quelques visages eux aussi dévastés par le spectacle auxquels j'allais arrimer mon désarroi. Je les comptai sur les doigts d'une main.

C'était il y a une dizaine d'années. Il avait fallu attendre les profiteroles et l'effet libérateur des côtes-du-rhône pour que les consciences déversent leur venin. Aujourd'hui, c'est sans doute dès l'apéritif que le rideau du spectacle se lèverait. Là n'est pas le moindre des maléfices d'Éric Zemmour : avoir décomplexé la parole de la haine.

Novembre 2021

Coupe du monde de football 2022 : j'ai rêvé d'un boycott

Dans un an se déroulera la Coupe du monde de football au Qatar. Corruption, ineptie sportive, délire environnemental, investissements pharaoniques, et bilan « humain » effrayant : au pays des droits humains saccagés par la charia *et le système de la* kafala[1], *l'inventaire des dégâts sociaux et écologiques est glaçant… mais* a priori *pas suffisamment pour que la voix des entreprises françaises, hypnotisées par de lucratifs contrats, s'en fasse l'écho. Pas même un murmure. Il est vrai que la famille Al-Thani, propriétaire de cet eldorado pétrolier très convoité sur le plan géopolitique, dispose d'un « pouvoir de persuasion » pécuniaire qui dissuade toute volonté de s'émouvoir. Cet événement planétaire aurait pu, aurait dû solidariser les disciples de l'« entreprise responsable » qu'avec la popularité de la raison d'être et de la RSE savamment placardées on croit aujourd'hui majoritaires. Il n'en a rien été. Et il n'en sera rien. Ceux qui rêvaient d'un électrochoc sont invités à se recroqueviller dans leurs songes.*

Un an. Exactement un an nous sépare de la Coupe du monde de football au Qatar. Oui, dans douze mois, cette minuscule monarchie de 2,8 millions d'habitants – dont seulement 10 % sont citoyens autochtones – accueillera l'un

1. Mise sous tutelle de n'importe quel travailleur étranger.

des événements planétaires les plus médiatisés. Plusieurs milliards de paires d'yeux seront braquées pendant un mois sur cette terre de sable, de pétrole et de gaz à peine plus grande que le département de la Gironde. Si la pandémie n'entrave pas les perspectives, un million à 1,5 million de touristes seront attendus, venus découvrir un pays dont l'État aura investi pas moins de 200 milliards de dollars dans la construction d'imposantes infrastructures (notamment huit stades, un métro, un aéroport, une ville nouvelle).

Voilà la carte postale enchanteresse que reflétera la savante stratégie de *soft power* que le régime a concentrée sur le sport et initiée une dizaine d'années plus tôt. Une stratégie aux fins multiples : être visible sur la scène internationale, exister et se singulariser dans une région politiquement et religieusement éruptive et dominée par l'Arabie saoudite ennemie, commencer de préparer l'après-énergies fossiles. Une stratégie qui paye : le Qatar médiateur avec le régime taliban, d'abord pour conclure avec Donald Trump l'accord de retrait des forces américaines d'Afghanistan, puis pour maintenir une liaison (aérienne autant que diplomatique) pendant le chaos d'août 2021, qui l'eût cru ? Quant à la « réconciliation » du Qatar avec ses rivaux locaux (outre l'Arabie du redoutable Mohammed ben Salmane, le Bahreïn, l'Égypte et les Émirats arabes unis) qui, en juin 2017, l'avaient coupé du monde en rétorsion de sa trop grande proximité avec les Frères musulmans et l'Iran, ne peut-on y voir la main magique et les pouvoirs diplomatiques de cette Coupe du monde 2022 ?

Mais cette dernière a une face cachée, dont la planète a désormais parfaitement connaissance grâce aux investigations des ONG, de la presse et des justices étrangères. Et la liste des réprimandes est longue.

Elle débute dès l'obtention du graal par les autorités qataries. Organiser la Coupe du monde dans un micropays dénué de toute culture footballistique, vierge de toute infrastructure et au climat incompatible avec la pratique d'une telle compétition était une aberration sur laquelle aucun pronostiqueur censé n'aurait misé. Pourtant, le 2 décembre 2010, le Petit Poucet triomphe du favori étatsunien. Depuis, la justice de plusieurs pays et le parquet financier français en particulier poursuivent leur enquête pour corruption, avec en ligne de mire l'hypothèse d'une collusion entre Nicolas Sarkozy et Michel Platini, alors respectivement président de la République et président de l'UEFA, pour faire basculer le vote en faveur de l'État qatari – qui six mois plus tard se portera acquéreur du Paris-Saint-Germain *via* son fonds Qatar Sports Investment. Neuf jours après cette rencontre à laquelle participaient également le prince héritier et le Premier ministre du Qatar, l'émirat sortait vainqueur.

En matière environnementale, l'ineptie dépasse l'entendement. Bouleverser le calendrier – pour la première fois de son histoire l'événement se déroulera en novembre-décembre –, climatiser stades et terrains pour assurer des conditions acceptables par le corps humain, ériger *ex nihilo* de pharaoniques infrastructures promises ensuite à une quasi-inactivité, relève du scandale écologique. Le seul argument que les autorités locales, les dirigeants de la FIFA et les entreprises impliquées opposent à l'avalanche d'incompréhensions et d'anathèmes fait sourire : en effet, qui peut croire que la promesse d'un « bilan carbone neutre » sera tenue ?

Et que dire du volet humain de cette désastreuse « aventure »? Dans cette monarchie absolue détenue par une seule famille, celle des Al-Thani, la démocratie est inexistante – les élections à la Choura, l'organe législatif, sont un leurre. Les droits civiques, politiques et syndicaux, la liberté d'expression et d'informer, sont confinés. La plupart des législations (pénale, famille, etc.) sont assujetties à la *charia*, et ainsi promettent lapidation, flagellation, incarcération et peine de mort aux « coupables » de consommation d'alcool, de relations sexuelles hors mariage, d'adultère, de vol, d'homosexualité, d'apostasie ou de blasphème. Mais après tout, à l'heure où l'*universalité* des droits humains n'est qu'un lointain souvenir et a laissé place à leur *relativité* voire à leur *relégation*, la désignation du Qatar est cohérente avec celles de la Russie en 2018 ou de l'Argentine en 1976, comme avec l'organisation des Jeux olympiques à Moscou en 1980 ou à Pékin en 2008… et en 2022. Depuis bien longtemps, en effet, la nature et la qualité du régime politique ne sont plus une condition d'élection; la victoire non seulement germe dans les marécages de la corruption, mais en plus résulte de deux nouveaux critères surpuissants: le « poids » géopolitique, les aspirations de la sphère économique – composée des partenaires, des fédérations sportives, des sponsors, des groupes industriels.

Peut-être pire, sur le plan humain, est le bilan des morts, des blessés, des malmenés, des désillusionnés, victimes depuis 2010 sur les chantiers de la Coupe du monde. Des victimes assimilées à des « esclaves modernes » par les ONG. Il y a les morts et les blessés d'abord. Les chiffres oscillent, leur réalité est affectée par le cadenassage ou l'opacité des autorités – ainsi sont assimilés à des « morts naturelles » les décès subits d'ouvriers trentenaires victimes d'infernales cadences de travail à 45 °C. Selon l'Organisation internationale du travail, cinquante personnes ont péri en 2020 et 37 500 auraient été blessées ; selon la Confédération syndicale internationale, elles sont au moins 1 200 à n'avoir pas survécu sur les chantiers de la Coupe du monde. *The Guardian* publia, en février 2021, une enquête retentissante établissant à 6 500 le nombre d'ouvriers ressortissants d'Asie (Népalais, Pakistanais, Indiens, etc.) qui y ont perdu la vie depuis dix ans[1] – sans qu'une proportion précise ne puisse être affectée aux chantiers de la Coupe du monde.

Clé de voûte de ce désastre humanitaire : la *kafala*. Ce système juridique, établi au début du XXe siècle et désormais présent dans la quasi-totalité des pays arabes du Golfe, a été initié pour faciliter l'envoi d'une main-d'œuvre abondante et avantageuse destinée à soutenir le fort développement économique des États qui l'adoptent. Ces derniers octroient aux entreprises (ou aux particuliers) des « permis de parrainage » dans le cadre desquels affluent des ouvriers pour l'essentiel en provenance d'Asie. Pour ces derniers, l'enfer commence, car ce « permis de parrainage » équivaut, comme le précise Carole Gomez, directrice de recherche à l'Institut de relations internationales et stratégiques (IRIS) et spécialiste du sport dans les relations internationales, au « plein pouvoir » de l'employeur. Salaires misérables et parfois non versés, conditions de travail, d'hébergement et de nourriture indécentes, privation des droits, confiscation

1. Pete Pattison, Niamh McIntyre, Imaram Mukhtar et al., « Revealed : 6 500 migrant workers have died in Qatar since World Cup awarded », *The Guardian*, 23 février 2021.

des passeports, des visas, parfois même des téléphones, discrimination raciale et violences sexistes, confèrent à la *kafala* les attributs d'un esclavage moderne. En 2013, Maya Kumari Sharma, ambassadrice du Népal à Doha, assimilait l'émirat à une « prison à ciel ouvert ». Sous la pression internationale, escortée notamment par Amnesty International et Human Rights Watch, le régime qatari, soucieux d'apaiser la fronde à quelques encablures de l'événement, a officiellement aboli l'invraisemblable en septembre... 2020. Mais pour quels effets concrets ? Et faut-il fermer les yeux sur les dizaines de milliers de drames perpétrés jusqu'alors et auxquels ni Nicolas Sarkozy, ni les supporters du PSG abrutis par des recrutements enivrants, ni les dirigeants de la FIFA, ni les entreprises françaises signataires de méga-contrats n'ont prêté la moindre attention ?

Les entreprises françaises, justement. À l'heure où la responsabilité sociale, sociétale et environnementale des entreprises est comme jamais sollicitée par les parties prenantes, consommateurs et salariés en tête, celle des groupes français déterminés à prospérer grâce à la Coupe du monde fait débat. Ou plutôt *aurait dû* faire débat, l'emploi du conditionnel exprimant leur impressionnant silence quant aux questionnements éthiques de leur engagement.

Pour illustration, la tribune publiée le 15 décembre 2020 apparaîtra édifiante[1]. Quatre dirigeants emblématiques (aux commandes de Vinci Construction, de Qatar Airways

1. Frédéric Gossot, Jérôme Stubler, Pierre Hermé, Christophe Gaussin, « France-Qatar, un partenariat commercial où tout le monde gagne », *Les Échos*, 15 décembre 2020.

France, des groupes Pierre Hermé et Gaussin) cosignent un plaidoyer laudateur stupéfiant en faveur des relations économiques entre les deux pays, un panégyrique listant les merveilleux attributs de l'État qatari, un dithyrambe où s'entremêlent, à la faveur des collaborations contractualisées par les quatre entreprises citées, « une relation forte et un partenariat très riche », la promesse de « villes propres et connectées », de formidables « richesses d'opportunités », des « liens économiques d'une profondeur et d'une richesse uniques acquis grâce à la volonté politique réciproque » – les auteurs semblent très sensibles aux vertus de la « richesse ». Pour symbole, qui enchantera le palais du lecteur, le célèbre pâtissier signe en l'honneur de l'année culturelle France-Qatar 2020 un « gâteau, Arya, qui réinterprète le [célèbre] Saint-Honoré en y mêlant les saveurs orientales ». Miam miam. L'émirat est loué pour ses « profondes ambitions en matière de tourisme et d'industrialisation », « les moyens qu'il donne à ses ambitions », son attention à « l'excellence et au savoir-faire des entreprises françaises pour l'accompagner dans l'accélération » de sa croissance. Et les cosignataires de lancer « un appel à l'ensemble des entreprises françaises pour qu'elles se saisissent des opportunités durant la prochaine décennie ».

Pas un mot sur l'*autre* réalité.

Au final, un texte éhontément partial, scandaleusement orienté, digne d'un médiocre publireportage, digne aussi des manipulations rhétoriques que certaines personnalités chinoises – récemment le patron d'Ali Baba Jack Ma ou la tenniswoman Shuai Peng – sont sommées de réciter en public pour espérer dissiper les doutes sur leur situation réelle. Une provocation.

Espérer des entreprises françaises qu'elles boycottent ce fructueux marché n'est peut-être pas réaliste, ce n'est sans doute même pas souhaitable lorsque leur survie ou les emplois en dépendent. L'écartèlement éthique auquel est soumis chaque patron d'entreprise engagée dans des pays socialement et politiquement indignes n'est pas nouveau, et apporter un arbitrage univoque est impossible tant les critères de décision sont nombreux et en conflit. Mais de là à applaudir aussi bruyamment un État coupable humainement, délirant environnementalement, et si attrayant pécuniairement, il fallait oser.

Oser, c'est ce que la société néerlandaise Hendriks Graszoden, fabricante de pelouses, a également entrepris. Mais à d'autres fins. Ce fidèle fournisseur des grandes compétitions de la FIFA et de l'UEFA était retenu pour équiper les stades du Qatar. Il a finalement renoncé au juteux contrat. Motifs ? Le bilan humain et social « terrifiant », que son équipe a corroboré « elle-même, sur place ». Aussi, des conditions environnementales indignes : le Qatar réclamait que le gazon soit transporté par avion, Hendriks Graszoden proposait qu'il soit « cultivé sur place, avec l'aide d'entrepreneurs locaux ».

Nous sommes lundi 29 novembre. J'ai fini de rédiger cette tribune, et je m'assoupis en ce début de soirée. Voilà que je rêve. De grands joueurs boycottant, de grandes équipes boycottant, de grandes entreprises boycottant, Mbappé, Kane, Neuer, De Bruyne, Neymar, refusant de monter dans l'avion qui les convoie à Doha, tous saisis par une même prise de conscience, un courage commun, une responsabilité partagée. Après tout, lors des éliminatoires, des joueurs allemands et norvégiens n'avaient-ils pas arboré des tee-shirts signés « Droits de l'homme » en signe de protestation ? Après tout, en riposte à l'« évaporation » de Shuai Peng, le circuit mondial de tennis féminin WTA n'a-t-il pas décrété l'annulation de ses futurs tournois en Chine ?

Une heure plus tard, je sors de ma torpeur. Ce n'était qu'un rêve, bien sûr. Et la cérémonie du Ballon d'or France Football que je découvre sur mon téléviseur me replonge dans le cauchemar. La plus haute distinction individuelle revient – pour la septième fois, un record – à l'Argentin Lionel Messi. Cette désignation, largement contestée sur le plan sportif, intervient au moment où l'immense – et lisse – star planétaire évolue désormais sous le maillot du PSG, et donc constitue une vitrine précieuse du *soft power* qatari à un an de l'échéance. Je le sais au fond de moi : absolument *rien* ne donne crédit à une quelconque manipulation, à une sourde collusion. Mais comme *tout* désormais est sujet à interprétation suspicieuse, surtout lorsque le contexte est aussi opaque et corrompu que celui du football-business…

Je retourne à mes songes. La boucle est bouclée. On ne s'en sortira pas.

Novembre 2021

Pierre Rabhi, et la lumière fut

Son œuvre lui survivra-t-elle ? Voilà l'interrogation cardinale que doit éveiller la disparition de l'agroécologue et philosophe Pierre Rabhi. L'immense héritage intellectuel, émotionnel, éthique que le natif d'Algérie et Ardéchois d'adoption partageait de son vivant réclame, désormais, d'enraciner les consciences conquises et, surtout, d'ensemencer les esprits encore rétifs ou ignorants. Le monde qu'il a traversé lui avait inspiré un autre monde, utopique et désolant pour ses détracteurs, réparateur et précurseur pour ses disciples. Ce monde formidablement éclairant sacralise la nature en y réintégrant l'homme au rang qui est le sien : celui d'un élément parmi les autres espèces vivantes, végétales et animales. En découlent une philosophie – sur le temps, la beauté, la poésie, la sobriété, l'humilité, l'insubordination, l'amour, l'intelligence, la générosité – et des enseignements, notamment sur les propriétés aliénatrices du capitalisme et du libéralisme contemporains. Une philosophie et des enseignements que la postérité a le devoir de sanctuariser et de mettre en lumière.

Que restera-t-il de sa philosophie, de ses engagements ? De ses actes ? Que restera-t-il de ce qu'il a fécondé, bien sûr dans les terres d'Ardèche comme d'Afrique, mais surtout dans les consciences des millions de personnes sensibles à sa pensée ? Voilà déjà une quinzaine de jours que Pierre Rabhi est décédé, emporté à 83 ans par une hémorragie, et ce questionnement ne me quitte pas. Oui, comment, jusqu'où, la conscience de Pierre prendra-t-elle racine dans les consciences ? Quelles âmes son âme continuera-t-elle d'irriguer ? Pour déchiffrer le formidable pouvoir interrogateur du frêle natif d'Algérie, l'objet de ces colonnes : *investiguer le sens et l'éthique de l'économie et de l'entreprise*, peut sembler incongru. En réalité, il se révèle idoine.

Ce décryptage se dévoile dès l'approche du village de Lablachère, situé sur les hauts plateaux d'Ardèche, aux confins des Cévennes. La route qui mène depuis Lyon au domaine de Pierre est longue, sinueuse, cahoteuse, elle serpente entre vallées et collines, elle emprunte des méandres qui semblent convoyer vers nulle part, ou plutôt vers une nature belle et sauvage. Une fois parvenu à l'entrée de sa maison, que ceignent abris d'animaux, quelques parcelles cultivées et une dense forêt, l'hôte se découvre. Déjà s'imposent les premières leçons : les délicieuses propriétés du temps long et lent que l'on a consacré à rallier cette ferme ; les vertus de l'harmonie et de la beauté, ici exposées par le lieu ; les trésors de la poésie. La poésie que Pierre distille par ses mots, celle que le décor instille dans les yeux de celui qui veut bien la recevoir, celle qui assure à ce généreux écrin pénétré d'une douce lumière et envahi des mélodieux chants d'oiseaux, d'être un creuset d'humanité. *Temps long, harmonie, poésie* : pourquoi ces items seraient-ils insolubles dans l'entreprise ?

La parole et les actes de Pierre, et en particulier la singulière *cohérence* de sa parole et de ses actes, fournissent aux acteurs de l'entreprise et à ceux des capitalisme et libéralisme contemporains, des gisements de réflexion précieux. Percutants.

« Sobriété heureuse », « faire sa part », « insurrection des consciences »... : à la faveur des nécrologies qui ont commenté la disparition de Pierre, le 4 décembre, quelques-unes de ses plus célèbres formules ont été rappelées. Elles « disent » beaucoup.

Se convertir à la « sobriété heureuse », adopter dans certaines circonstances la frugalité, signifie que renoncer à l'opulence, au gâchis, au consumérisme, n'est pas nécessairement synonyme d'abdication, de triste sacrifice, mais peut ouvrir à des perspectives de joie et d'accomplissement. Encore faut-il souscrire à un postulat : celui de considérer l'apparente *inutilité* d'un échange, d'un paysage, d'un livre, d'une composition musicale, d'une plante, d'un artisanat, etc., à laquelle les propriétés marchandes les confinent, comme un intarissable filon de bonheur. Ou comment réintroduire les merveilleuses facultés de la simplicité, de la modestie, de la lenteur et de la disposition à autrui. L'économie et l'entreprise ne pourraient-elles pas s'en inspirer ?

« Faire sa part » fut l'expression de Pierre peut-être la plus fameuse, elle soutenait l'allégorie du colibri transportant dans son bec quelques gouttes d'eau destinées à éteindre l'incendie. Aujourd'hui, l'état climatique et écologique de la planète soumet chaque citoyen (ou presque) et un nombre croissant d'entreprises à une double tension : entre sa conscience aiguë de la situation et son incapacité d'agir au quotidien de manière responsable ; entre croire qu'il est encore possible de réparer et estimer que le dessein est inaccessible. *Faire sa part* est une réponse humble, elle indique aussi que dans tout collectif – celui d'une entreprise, d'un peuple comme d'une nation –, la somme des parts permet d'accomplir l'objectif, parfois même de dépasser le plafond arithmétique et de faire éclore un résultat inespéré.

Quant à « l'insurrection des consciences », elle est un appel, un cri pour que coagulent les colères et les espérances en faveur d'une fraternité ranimée, d'une communauté de destin réveillée. L'insurrection est, traditionnellement, la riposte collective des victimes d'injustices ou d'exactions ; dans la bouche de Pierre, elle revêt une dimension supplémentaire : celle d'une destination altruiste au profit d'un bien commun dévasté et dévolue à l'ensemble des espèces vivantes – humaine bien sûr, mais aussi animale et végétale – aujourd'hui en péril. Nombre de militantismes antagonisent, ségrégent, anathématisent, hystérisent et fracturent : le sien était rassemblement et universalité.

L'*insurrection des consciences* convoque davantage que l'indignation : la *résistance*, et Pierre apparut dans chacun de ses combats comme un résistant. Mais résister n'est pas gouverner, et les contempteurs ou les moqueurs pouvaient sans peine railler le confort dans lequel il couvait ses vœux, modélisait ses utopies – « elles font avancer l'histoire », avait-il raison d'asséner –, et répandait ses exhortations. Quiconque est aux commandes de la décision – politique ou d'entreprise – mesure combien le pont reliant les rives de la *volonté* et de la *possibilité* est complexe et tortueux. Certains arguments critiquant la radicalité et les contradictions de Pierre, et parfois des approximations ou des inexactitudes – relatives par exemple à la décroissance ou au progrès –, ne sont pas infondés. Il n'était ni un dieu ni un prophète, simplement un homme, qui n'était pas exempt de failles ou de vulnérabilités. Mais là où le sage « faisait mal », là où fermentaient l'ire et la coalisation de ses adversaires, c'est justement dans l'implacabilité de son analyse et de ses actions. Car aucune parade, aussi spécieuse soit-elle, ne peut répliquer aux évidences qu'il égrainait. Sa parole fait *juste* et *mal*, car rien d'objectif ne peut la désarmer.

Pour s'en convaincre, il suffit de remuer les dialogues que nous avions produits ensemble dans *J'aimerais tant me tromper* et dans *Frères d'âme*[1], extatique rencontre avec Edgar Morin. Ainsi, sur un mur de sa chambre était placardé un discours du chef indien Seattle [1786-1866]. Au cœur des sages explications qu'il adresse, en 1854, à des Américains déterminés à racheter les territoires de sa communauté – qu'ils avaient préalablement massacrée – figure une phrase, limpide. Elle est l'interprétation des funestes dévastations, extractions et servitudes que les Blancs promettaient aux ressources vivantes de ces prairies et de ces montagnes : « La terre n'appartient pas à l'homme, c'est l'homme qui appartient à la terre. » Comment ne pas distinguer dans cette déclaration une résolution des conflits moraux et de la schizophrénie intellectuelle qui se posent aux citoyens et aux entreprises ci-dessus évoqués, mais aussi aux économistes et aux professionnels de la politique censés les parachever d'une traduction et d'une perspective ? N'est-ce pas la matrice qui « manquait » pour provoquer l'électrochoc dans les (nombreux) esprits encore dubitatifs ou récalcitrants ? « Le mal que nous faisons à la terre, c'est à nous que nous l'infligeons », aimait corroborer Pierre.

Autre évocation explicite – affectée à la prédation, consubstantielle de chaque espèce vivante – : celle du félin. Elle établit la « distinction entre le lion et l'homme ». Le premier chasse l'antilope, mais, une fois rassasié, cesse la traque. Ainsi, dans la savane, peut-on observer

---

1. Pierre Rabhi, *J'aimerais tant me tromper*, dialogue avec Denis Lafay, La Tour d'Aigues, l'Aube, 2019 ; Pierre Rabhi et Edgar Morin en dialogue avec Denis Lafay, *Frères d'âme*, chez le même éditeur, 2021.

des troupeaux de bovidés paître paisiblement à quelques dizaines de mètres des redoutables carnivores, qu'ils savent « en paix » parce qu'ils sont sustentés. Cette chasse, l'homme, de son côté, va la développer et l'industrialiser. Le lion tue pour se nourrir ; l'homme, pour s'enrichir. Le lion ne vit pas au détriment de l'existence des autres, l'homme s'est arrogé impunément ce pour quoi il devrait être « éternellement reconnaissant ». Cette parabole n'est-elle pas suffisante pour admettre les poisons du modèle capitaliste contemporain auquel l'individu comme l'entreprise sont garrottés et que la planète ne peut plus tolérer ?

Peut-être, d'ailleurs, est-ce dans l'examen minutieux de cette ciguë que Pierre se révéla particulièrement éclairé. Son anticapitalisme n'était pas dogmatique, ses diatribes envers le système marchand n'étaient pas doctrinaires ; sa radicalité avait pour fondement les ravages que le mécanisme et les propriétés du capitalisme sécrètent dans l'intimité des consciences. Ses attributs endogènes inoculent un goût de conquérir, d'arraisonner, de posséder, de dominer, de vassaliser et d'accumuler, un plaisir individualiste, catégoriel, matérialiste, élitiste et hiérarchique, d'une puissance bien supérieure aux velléités de partage et d'égalité, de raison et de justice. « L'économisation » total(itair)e des relations humaines, si bien disséquée par le philosophe et sociologue Bruno Latour, semble invulnérable. La croissance économique défigure le noble verbe croître. Ainsi, la croissance responsable, la croissance équitable, la croissance supportable, n'étaient aux yeux de Pierre qu'oxymores, et nul doute qu'il aurait jugé chimérique la « croissance qualitative » que l'aventurier suisse Bertrand Piccard destine à « rendre le monde à la fois plus rentable, plus efficient, et plus durable ». Il n'avait pas confiance en les dispositions du capitalisme et du diktat marchand à s'effacer derrière les enjeux du vivant, à s'amender au profit d'un accomplissement humaniste des âmes. Les records historiques franchis cet automne par les indices de toutes les grandes places boursières, le cumul de 10 000 milliards de dollars de valorisation atteint par les Gafam à la « faveur » de l'effroyable crise pandémique, peuvent-ils lui donner tort ? Lui-même revendiquait être un « milliardaire », mais de bien d'autres trésors que les dollars amassés par Musk, Bezos ou Gates.

Avec l'agroécologie, Pierre avait accompli une prouesse : rendre cultivable, « dans le respect des lois de la vie et de la biosphère », une terre aride, rocailleuse, hostile, une terre en apparence si impropre à l'ensemencement que les banquiers qu'il avait sollicités dans les années soixante pour financer son installation s'étaient esquivés. Motif ? Ils ne voulaient pas être complices d'un « suicide »... Plus tard, c'est partout sur la planète, de l'Europe au Mali, du Népal au Burkina Faso de son ami Thomas Sankara – qui lui proposa le poste de ministre de l'Agriculture –, qu'il essaimera cette culture révolutionnaire, ou plutôt restaurera cette discipline ancestrale disqualifiée à partir du XXe siècle par la tyrannie productiviste. Défier les réticences, surmonter les découragements, accomplir l'improbable : ce triptyque bien connu des innovateurs, Pierre le mit au service de son exigence de *sens*, de son exigence d'*humanité*, de son exigence de *cohérence*. Pourquoi faut-il que tant d'innovations aujourd'hui, en premier lieu technologiques, échappent à ces principes d'exigence cardinaux ?

La mort va « priver » Pierre, mais elle va aussi le *protéger* de l'insupportable auquel sa sensibilité, qu'il confessait

« extrême », résistait avec peine. Il ne verra pas les meetings d'Éric Zemmour, la propagation du tourisme spatial, le monde virtuel promis par Mark Zuckerberg, il ne verra pas les mégafeux, les inondations, les chaleurs torrides, ruiner la planète, il ne verra pas les espèces animales sur terre et sous l'eau glisser vers l'extinction, il ne verra pas les populations être décimées ou errer sur les chemins de l'exode, il ne verra pas les inégalités continuer de crevasser l'humanité, il ne verra pas les guerres armées ou informatiques fissurer les démocraties, il ne verra pas… Déjà, il n'a pas vu l'innommable : le 5 décembre, le *Journal du dimanche* lui rendait un modeste hommage, et onze pages plus loin diffusait une campagne de publicité de McDonald's manifestant son engagement en faveur de… l'agroécologie !

La mort, il y a un an, Pierre me confiait l'appréhender. « J'en ai peur. Cette peur porte moins sur la mort elle-même que sur le mystère de ce qui peut ou non advenir après. Dès lors, plus je prends de l'âge, plus je me dis : "Ne perds pas de temps, agis le plus possible et profite de la vie". » Mais aussitôt de préciser : « Attention, toutefois : profiter de la vie ne signifie pas faire du profit de la vie ! Il s'agit de mettre le temps de vie au profit de l'intelligence et de l'amour. »

Un sage japonais vient faire magnifiquement écho aux principes de vie et de mort de Pierre Rabhi. L'artiste Akeji vivait en ermite avec son épouse dans une sobre maison dissimulée sous des feuillages dans le massif reculé d'Himuro. Jusqu'à son décès, en 2018, il ne vivait pas *avec* ou *dans* la nature, mais, comme Pierre, se considérait comme un simple élément de la nature, d'égale valeur aux autres habitants, végétaux et animaux. Son existence autarcique composait avec celle d'une biodiversité sauvage et respectueuse – ainsi, à sa famille venue lui rendre visite et désireuse des kakis fluorescents accrochés aux branches, il expliquait les réserver en priorité aux ours avant que ne débute leur longue période d'hibernation –, et dans cette poésie du vivant, il cultivait son art du sabre et de la calligraphie. « De ciel et terre / Depuis les lointains débuts / Ce monde n'a de durée aucune / Si l'arbre sans voix au printemps fleurit et embaume et quand vient l'automne disperse son rouge feuillage, / C'est que rien n'a de durée / », l'entendait-on réciter dans la forêt. Et de poursuivre, à propos du temps : « Personne ne l'a jamais vu, personne ne sait s'il existe. Il y a le temps d'aujourd'hui et celui de demain, mais le temps d'il y a mille ans ne change pas. » Si le temps n'existe pas, le temps de Pierre, le temps des pensées et des combats de Pierre, s'annonce éternel.

Décembre 2021

Culture « woke » : un péril civilisationnel

De la presse à l'enseignement, de l'art à l'entreprise, la pensée woke *et son excroissance, la* cancel culture, *se répandent. Bouleversent l'époque. Lorsqu'il devient « dictature intellectuelle et morale », le wokisme infecte les rapports humains et sociaux, lézarde le fonctionnement de la démocratie, fracture davantage une société déjà copieusement fragmentée. Au final, il disqualifie l'objet même, si noble, qu'il est censé poursuivre : révéler et réparer les oppressions subies par les minorités, faire profiter la civilisation des trésors que recensent la singularité et la communauté.*

Comment honorer la reconnaissance et les causes *légitimes* des minorités sans discréditer celles, tout aussi *légitimes*, de la majorité ? Immense interrogation, qui percute toute la société – et par incidence l'entreprise – sur des sujets aussi cardinaux que le genre, l'origine ethnique ou sociale, la place des femmes, les pratiques de consommation, l'histoire ou l'enjeu environnemental. Et d'autres encore. Immenses interrogations, mais désastreuses réponses, à l'aune d'un débat public et d'un traitement politique indignes, sur fond d'antagonisation et de haine. Avec, pour conséquences, des résultats inverses de l'objectif escompté : la division s'impose sur la concorde, hypothéquant la réalisation de progrès concrets au bénéfice des minorités elles-mêmes.

Il ne s'agit pas de contester la légitimité des revendications minoritaires, ni certains moyens employés pour les promouvoir. Dans l'histoire récente, que serait advenu le sort des Noirs, des homosexuels, des handicapés, où en seraient l'émancipation et l'indépendance des femmes sans la colère, les coups d'éclat, parfois même la violence qu'ils ont exprimés ? Si François Mitterrand et Robert Badinter ne s'étaient pas battus, croit-on que l'abrogation de la peine de mort, alors minoritaire au sein de l'opinion publique, aurait vu le jour ?

Mais « hier » n'est pas « aujourd'hui ». L'objet de ces causes minoritaires avait une portée universelle, il faisait grandir les consciences et l'humanité, l'intérêt particulier qu'elles poursuivaient allait plus tard rejaillir favorablement sur l'intérêt général. Au final, on percevait qu'un jour elles *rassembleraient*, au profit d'une civilisation en progrès. C'est le cas, désormais, de l'enjeu environnemental. Mais nombre d'autres motifs minoritaires et les méthodes déployées à leurs fins n'exhalent pas le même parfum. Parce que les motifs sont incompréhensibles, ou parce que les méthodes recourent à une radicalité, à une obsession victimaire ou à de mensongers arguments qui disqualifient leurs artisans. Ceux qui estiment subir un harcèlement xénophobe de la part des forces de police sont-ils crédibles lorsqu'ils hurlent que le racisme est structurel au sein de l'institution ? L'affirmation que sur les campus américains sévit une « culture systémique du viol » n'est pas admissible, nonobstant l'existence de viols sur les campus américains. Une réalité partielle ne peut pas être instrumentalisée en faveur d'une généralité. Le simplisme ne peut pas s'imposer à la complexité. Déboulonner des statues ou débaptiser des rues au prétexte que les figures concernées incarnent un passé colonial, c'est vider l'histoire de son contexte, c'est vouloir réécrire l'histoire en fonction des idées et des rapports de force du présent, c'est aussi vouloir effacer l'histoire. Exactement ce que Vladimir Poutine a entrepris en faisant fermer par la Cour suprême la prestigieuse association Mémorial, fondée par Andreï Sakharov il y a trente ans et chargée de faire la lumière sur les exactions perpétrées par le régime soviétique puis russe.

Ces revendications maladroites des minorités portent le nom de *woke*. *Woke* qui signifie « éveil » ou « réveil » (aux discriminations). *Woke*, d'où découlent les doctrines de la déconstruction et du relativisme (tout se vaut), mais aussi la gangrène nommée *cancel culture* : la terreur exercée par des militants minoritaires puissamment armés par les réseaux sociaux muselle toute opinion distincte. Pour exemple, celui de la presse : aux États-Unis, le *New York Times* a banni en 2019 toute caricature après que l'une d'elles, du Portugais António Antunes – elle exhibait Donald Trump tenant en laisse Benyamin Netanyahou – avait déclenché la colère de lecteurs la jugeant (fallacieusement) antisémite. Deux ans plus tard, en France, Xavier Gorce, collaborateur du *Monde* depuis dix-huit ans, claquait la porte du quotidien après que la direction avait présenté ses excuses publiques suite à la parution d'un de ses dessins, au motif qu'il pouvait « être lu comme une relativisation de la gravité des faits d'inceste, en des termes déplacés vis-à-vis des victimes et des personnes transgenres ».

Le monde de la connaissance et de l'apprentissage n'est pas en reste. On ne compte plus les cas de conflits entre enseignants et groupuscules identitaires. En 2019, une conférence de Sylviane Agacinski à l'université de Bordeaux fut annulée, sous la pression d'associations étudiantes jugeant la philosophe, opposée à la PMA, « homophobe ». En Grande-Bretagne, sur certains campus universitaires, le climat est devenu si électrique que les démissions s'additionnent. Celle, récente, de la philosophe Kathleen Stock, de l'université du Sussex, a créé un électrochoc outre-Manche. Son crime ? Considérer le sexe comme une réalité biologique et inaliénable, déclenchant l'ire, devenue insupportable, d'organisations transgenres.

Derrière cette idéologie de l'opprobre et de l'anathème, dans l'humus de laquelle germent l'inquiétante tentation de l'autocensure et le spectre d'un puritanisme glaçant, non seulement la liberté de penser et de s'exprimer est menacée, non seulement le devoir cardinal d'écouter et de respecter les opinions divergentes est maltraité, mais le fonctionnement même de la démocratie s'en trouve fragilisé. Jusqu'où les exigences des minorités peuvent-elles contester l'arbitrage majoritaire ? Les prétentions d'intérêts particuliers, catégoriels ou corporatistes, peuvent-elles dicter leur loi à la règle majoritaire censée refléter l'intérêt, sinon général, au moins du plus grand nombre ? La tentation de la politique des minorités est un mirage, relève le journaliste et producteur Brice Couturier, auteur de *OK Millennials*[1]. « On ne bâtit pas une majorité à partir de la coalition des minorités, puisque ces minorités défendent des intérêts qui peuvent être en conflit. » La candidate à la primaire écologique Sandrine Rousseau se pensait-elle crédible à composer un programme présidentiel autour d'un tuteur écoféministe ? Quant aux discours extrémistes,

1. Brice Couturier, *OK Millenials !*, Paris, L'Observatoire, 2021.

leur popularité se sustente abondamment des dérives de la pensée *woke*. Aux États-Unis, le vertigineux et terrifiant retentissement du « *white power* », manipulé et enflammé par Donald Trump, en est l'implacable démonstration. En France, la rhétorique du fidèle supporter de l'ex-président américain, Éric Zemmour, s'en repaît autant que de l'islam, de l'immigration ou de l'identité française, ses sujets de prédilection. Ainsi est désormais communément dénoncée la « dictature des minorités », ourdie par des « ayatollahs », des « khmers » ou des « sectateurs ».

Sont également dépecés de simples mots. Mais quels mots ! Choisissons-en deux, emblématiques : *singularité* et *communauté*. Dans la *singularité* prospèrent la richesse d'un corps et d'une conscience, celle des aspérités, de l'altérité et même de la fragilité de l'individu qui la cultive. Mais lorsqu'elle devient le porte-étendard d'une revendication frénétique, d'un militantisme convulsif qui nie autrui et déchaîne l'ostracisme, elle se vide de sa substantifique moelle. Elle n'est plus un trésor à même de questionner et de fédérer, elle devient un fiel qui morcelle et ségrège. Remémorons-nous le débat, inouï, qui suivit la prestation de la jeune poétesse noire Amanda Gorman lors de l'investiture de Joe Biden : d'aucuns, au sein de la communauté « afro », jugèrent que seul un traducteur Noir était habilité à s'emparer de ce texte, puisque seul un Noir pouvait en éprouver la puissance émotionnelle. L'illustration des convictions de l'essayiste Pascal Bruckner, associant le wokisme à un « nouveau racisme »[1].

1. Pascal Bruckner, « Wokisme : la résistance s'organise », *Le Point*, 11 décembre 2021.

Communauté, justement. L'un des effets délétères de la culture *woke* est d'homogénéiser, de standardiser, voire de « purifier » les groupes sociaux, d'enfermer les minorités dans leur niche, et simultanément d'exclure les étrangers de cette dernière. En d'autres termes, d'« archipéliser » et de communautariser la société plutôt que d'abattre les murailles qui la fragmentent et la ghettoïsent. Ou comment s'imposent la négation de la *diversité*, l'impossibilité de *vivre ensemble*, le rejet de l'*universalisme* hérité des Lumières. Cette communautarisation de la collectivité déshonore le principe de *communauté*, prégnant au sein des minorités, au nom duquel on est lié à d'autres par une histoire, un territoire, une culture, une religion, sans pour autant se soustraire à l'essentiel : l'inclusion de tout autre, dans l'accueil de sa différence. La communautarisation brandie par certaines groupes sociaux est un défi à la communauté des destins.

L'actualité pandémique met particulièrement en lumière les ravages qu'une minorité peut provoquer. Ainsi, celle des opposants au vaccin contre le Covid-19, qu'alimente une propension irrationnelle au complotisme, à la subversion, au fantasme « alibéral », à l'obscurantisme, à la défiance envers les institutions, la science et la médecine. Et à l'égoïsme, si l'on évalue les conséquences sociétales de leur jusqu'au-boutisme : personnel soignant épuisé, opérations déprogrammées, drames humains dans des hôpitaux engorgés ; monde de la culture dévasté ; jeunesse *groggy* ; filières économiques bouleversées et aventures entrepreneuriales anéanties ; disparition d'emplois... Des contestataires antivax paralysent illégalement les Antilles quand des millions d'habitants de pays pauvres voisins attendent désespérément des doses pour échapper à la mort.

Les vicissitudes extrémistes de cette minorité ouvrent la boîte de Pandore, celle de contre-réactions tout aussi insupportables : ainsi le débat éthique sur la hiérarchisation des malades accueillis en réanimation ou la participation des victimes du Covid-19 non vaccinées au financement de leur hospitalisation. Comme ce fut le cas avec l'abrogation de la peine de mort, la République a le devoir de ne pas succomber à la tentation populiste et à l'ivresse démagogique, de « tirer vers le haut » une conscience collective majoritairement prisonnière de pulsions sommaires. Existe-t-il pire perspective qu'*Œil pour œil dent pour dent* ?

Le corps est le bien le plus intime, il est celui qu'aucune intervention extérieure ne devrait pouvoir aliéner ou s'approprier ; mais lorsque le corps d'autrui dépend du sort que l'on destine à son propre corps, l'exercice de la responsabilité adopte un autre sens – une réciprocité qui vaut aussi pour la liberté. L'exemple de cette minorité d'opposants au vaccin met en lumière la principale victime de la dérive *woke* : la solidarité. Celle qui transcende les cloisonnements et sublime les différences, celle qui cimente la société et rassemble vers un destin partagé. Voilà pourquoi, contrairement aux raccourcis, la sacralisation aveugle des minorités dans le déni de leurs outrances n'est pas une valeur de gauche. Au contraire. À ce titre, que le gouvernement allemand du nouveau chancelier social-démocrate Olaf Scholz – auteur d'un « notre démocratie saura se défendre [...] face à une infime minorité désinhibée et chargée de haine[1] » qui ferait passer le « je vais les emmerder » d'Emmanuel Macron pour une mièvrerie – décrète la vaccination obligatoire n'est pas fortuit.

1. « Allemagne, le chancelier Olaf Scholz veut lutter contre une "minorité d'extrémistes" anti-vaccins », *AFP*, 15 décembre 2021.

Et de solidarité il est question, lorsque les revendications parfois totalitaires de minorités sont mesurées aux persécutions ou aux humiliations qu'éprouvent dans le silence bien d'autres minorités partout dans le monde : femmes en Afghanistan, homosexuels en Égypte, chrétiens en Inde, musulmans en Chine, albinos en Afrique… La liste est immense, nombre de pays martyrisant plusieurs minorités – comment vivre à Kaboul lorsqu'on est femme, lesbienne et athée ? Il y a une forme d'indécence, chez certaines minorités en Occident, à hurler des protestations quand la situation dramatique de ces invisibles ne bénéficie d'aucun porte-voix… y compris de leurs *alter ego* des nations aisées et démocratiques. On aimerait entendre les partisans de l'écriture inclusive et les défenseurs du pronom personnel « iel » manifester devant l'ambassade d'Arabie saoudite et exiger la liberté pour les femmes et les homosexuels – et pour les apostats, les convertis, les blasphémateurs, les adultérins, les journalistes, les syndicalistes.

Lors des récentes fêtes de fin d'année, je suis parti en famille découvrir la nature, la culture et le patrimoine savoureux d'Oman. Au nom de l'empreinte écologique, dois-je m'en cacher ? Dois-je redouter l'avanie ? Doit-on se cacher d'écouter un vieux standard de Marie Laforêt ou de Michel Sardou et de regarder un classique d'Alain Delon ou de Gérard Depardieu au prétexte qu'ils seraient conservateurs, réactionnaires, et cultiveraient des amitiés ou des velléités condamnables ? Doit-on se cacher de rire devant l'outrance misogyne de Jean Yanne et de Bertrand Blier, ou face aux irrésistibles railleries que Blanche Gardin réserve à un féminisme égaré ? Doit-on se cacher de s'émerveiller devant une toile de Balthus ou de Nolde au motif que le premier peignit la nudité d'adolescentes et que le second s'accomoda spécieusement des doctrines nazies ? Doit-on se cacher de lire un roman de Céline, un essai de Finkielkraut ou la version originelle des *Dix petits nègres*, d'Agatha Christie ? Personne ne peut en douter : insidieusement, la tyrannie des minorités a infiltré les comportements et les jugements, elle a inoculé dans le dialogue et les relations humaines un venin. Celui-ci tue la nuance, le respect, la considération de la différence. Et la complexité. De ce tourment, aucune collectivité n'est à l'abri : pas même la famille. Ni l'entreprise.

Chez cette dernière, en effet, comment continuer de penser, de s'exprimer, de décider librement sans redouter que chaque parole soit épiée, passée au grill et possiblement blâmée ? Et comment traiter avec justesse les minorités sans déséquilibrer un collectif social par nature vulnérable ? S'invite alors dans le débat le dispositif de discrimination positive. Un serpent de mer, régulièrement fustigé et par nature polémique. Non sans raison. Pour exemple, le monde de la musique classique subit aujourd'hui une vague de « décolonisation » sans précédent : au sein de formations anglo-saxonnes, des musiciens sont sommés de laisser leur place au prétexte qu'ils sont… Blancs. En ligne de mire, une sensible équation : l'enjeu, légitime, de diversité et de mise en lumière des minorités peut-il être accompli sans risquer de reléguer au second rang l'exigence d'excellence – en l'occurrence, indique le chroniqueur Michel Guerrin[1], les candidats d'origine « noire, hispanique ou arabe sont rares » ?

1. Michel Guerrin, « Au Royaume-Uni, le mouvement visant à décoloniser la musique classique vire à la chasse aux sorcières », *Le Monde*, 17 décembre 2021.

Toutefois, il n'est pas contestable que le mécanisme de discrimination positive a aussi fait ses preuves. Sans la loi Copé-Zimmermann de 2011 instaurant des quotas de femmes dans les conseils des entreprises, peut-on croire que l'égalité des sexes aurait connu un substantiel progrès ? Et que cette logique réservée aux conseils infuserait l'ADN de l'entreprise et se propagerait à la composition des comités exécutifs – la loi dicte dorénavant aux entreprises de plus de mille salariés de réserver aux femmes 40 % de ces postes d'ici 2030 – et à la désignation des postes décisionnels ? Certes, il demeure une marge de progrès importante, notamment en matière de salaire ; mais n'est-ce pas à cette contrainte légale que les femmes doivent l'amélioration significative de leur condition professionnelle ?

Cette dernière en est une bonne illustration : tout progrès dans la reconnaissance d'un groupe social rudoyé ou d'une minorité convoque un mouvement de balancier. Les revendications sont d'abord éruptives – une radicalité nécessaire pour révéler une injustice et « crever l'abcès » –, et au fur et à mesure de la prise de conscience collective et de progrès concrets, elles se diluent dans de plus justes proportions, qui autorisent la pacification puis la réconciliation. Mais 2022 n'est pas le siècle dernier. L'autocentrisme symptomatique des mouvements identitaires actuels et qu'encourage la culture *woke* est exacerbé par un outil qui n'existait alors pas : les réseaux sociaux. Ils permettent de diffuser le plus bruyamment possible le cri des revendications et ainsi d'effrayer les « ennemis » de la minorité. Et ils (se) nourrissent (d')un redoutable poison : le narcissisme, le culte de l'individualisme. Ce qui n'autorise guère à l'optimisme.

Janvier 2022

Croissance : du gros au beau mot

7 % : c'est le niveau de croissance que la France a enregistré en 2021. Et l'ensemble du cénacle politique, économique, patronal, de célébrer ce record (depuis 1969). Mais faut-il vraiment s'en féliciter ? Ne faut-il pas aussi s'en inquiéter ? Car de quelle croissance s'agit-il ? Il faut être aveugle et sourd, ou plus sûrement cupide, égoïste et irresponsable, pour ne pas admettre que les gènes de la croissance éprouvent une modification délétère. Hier, ils faisaient l'unanimité, assurant l'euphorie marchande, économique, sociale et démocratique ; dorénavant, ils promettent la dystopie apocalyptique – habilement mise en scène dans le phénomène cinématographique Don't look up. *Il est urgent qu'à la prospérité matérielle, cardinale dans nos paradigmes capitalistes, se substitue une nouvelle prospérité, que le philosophe et sociologue Bruno Latour affecte à « rendre la Terre habitable ». De ce dessein immense, la croissance telle que l'exalte le néolibéralisme est l'ennemie. Mais la croissance peut prendre d'autres formes, épouser de nouveaux critères. Et ainsi réhabiliter ses trésors.*

C'est l'histoire d'une jolie pépite. Elle s'appelle Lhyfe, a élu domicile à Bouin, en Vendée, et produit de l'hydrogène vert (ou renouvelable). Cette technologie mêle les ressources de la mer et celles du vent : elle pompe l'eau de mer, isole le sel, et recourt à l'électrolyse pour séparer l'hydrogène de l'eau. L'usine productrice est par ailleurs connectée à des champs éoliens qui fournissent l'électricité nécessaire. Trois cents kilos sont fabriqués quotidiennement, qui alimentent le réseau local, et notamment les premiers équipements municipaux (bus et camions à ordures) dans le département. Les vertus de cette technologie – que Lhyfe est l'une des premières entreprises à mettre en œuvre à une telle échelle – sont substantielles. L'hydrogène renouvelable est intégralement vert : au contraire de l'hydrogène traditionnel, il ne dépend pas des énergies fossiles. Aucune émission de CO_2 donc (ni dans la phase de fabrication, ni dans celle de consommation), et au contraire une régénération d'oxygène. Quant aux ressources complémentaires de l'eau sur lesquelles Lhyfe fonde sa technologie, toutes sont naturelles et renouvelables : éolien, photovoltaïque, hydraulique, biomasse solide, biogaz, géothermie. Les premiers contrats à l'étranger (sur le site Greenlab, au Danemark) et *offshore* (au large du Croisic) témoignent des opportunités d'élargissement. Outre les acteurs de la mobilité, nombre de filières industrielles (verre, acier, chimie, électronique, agroalimentaire) consommatrices d'hydrogène devraient être sensibles à cette offre verte. Et ainsi le fondateur Matthieu Guesné, un ingénieur qui dirigea plusieurs centres de recherche au Commissariat à l'énergie atomique (CEA), d'annoncer porter cette année à cent quarante le nombre de collaborateurs. Et de lorgner d'importantes perspectives de croissance.

Le mot est lâché : croissance. Aujourd'hui, un gros mot. Ou plus exactement un mot à manier avec doigté et grande prudence, car il incarne un éventail de réalités très contrastées.

Qu'est-il advenu pour que le verbe croître, étymologiquement si lumineux, se trouve frappé d'anathème ? Croître, c'est grandir, s'émanciper, s'épanouir, progresser, (s')enrichir, partager… Voir un enfant grandir, une personnalité s'émanciper et s'épanouir, les collectifs – une communauté, une entreprise, une société – progresser, et partager les fruits de leur enrichissement. Mais désormais, c'est devenu *aussi* étourdir, hiérarchiser, morceler, menacer, et même anéantir : ces collectifs eux-mêmes, dévorés par des inégalités synonymes d'injustices, et bien sûr la planète – son climat, ses ressources naturelles, sa biodiversité. Son humanité.

Dès le lendemain de la Seconde Guerre mondiale et pendant plusieurs décennies, la croissance aura été un ciment qui faisait l'unanimité. Chez les économistes, mais aussi sur l'échiquier politique : ce dernier s'est déchiré non sur les propriétés de la croissance – celle-ci étant la condition de l'enrichissement –, mais seulement sur les critères de redistribution et ses terrains d'affectation. À l'unisson, gauche et droite se sont accordées sur le dogme de la croissance, condition *sine qua non* d'une perspective infrastructurelle, industrielle, scientifique, économique et, bien sûr, sociale dynamique. Et aussi d'une solidité démocratique. La publication choc, en 1972, du rapport Meadows[1] mettant en exergue les dégâts environnementaux inhérents à la croissance constituera un premier grain de sable sur le chemin jusqu'alors immaculé de cette dernière. Cinquante ans plus tard, à l'aune des innombrables démonstrations

1. Donella Meadows, Dennis Meadows, Jørgen Randers et William W. Behrens III, *Les limites à la croissance*, rapport pour le Club de Rome, Paris, Fayard, 1972.

scientifiques et météorologiques, le péril climatique et écologique consubstantiel de la croissance n'est plus contestable. De cette démocratie qu'elle a pendant si longtemps solidifiée, la croissance s'érige dorénavant en ennemie : l'ampleur des injustices qu'elle sécrète et les répercussions politiques, sociales, migratoires, dudit péril climatique et écologique provoquent la déstabilisation des régimes. Que faire, alors, de cette croissance ? Poursuivre son diktat, et ainsi assumer en pleine conscience l'implosion environnementale *et donc humaine* de la planète ? Y renoncer sans discernement, et prendre le risque tout aussi conscient d'une explosion sociale *et donc humaine* partout sur le globe ?

L'enjeu n'est pas d'adopter ou de rejeter trivialement la croissance. Il est de faire les choix à l'intérieur même de la croissance, dans la grande variété de ses nuances. Peut-être sommes-nous en train de défricher une voie nouvelle.

En effet, c'est inédit : aucun candidat (ou presque) à la présidentielle ne conteste plus les errements du principe de croissance. Altercroissance, décroissance, postcroissance, croissance raisonnable, croissance verte…, les formulations se bousculent, qui désignent peu ou prou une même ambition : modéliser une *croissance responsable.* Responsable *à la fois* socialement et environnementalement. Et puisque même dans le programme de Valérie Pécresse figure la « réunion des trois piliers du développement durable : l'économique, le social et l'écologique », c'est que, fondamentalement, les lignes bougent. Oh, point d'angélisme toutefois. Les éléments censés définir l'adjectif « responsable » se prêtent, par essence, à un (très) large éventail d'interprétations. Il est peu probable que Yannick Jadot

– représentant une formation EELV par nature la plus rétive voire hostile à la croissance, coupable de l'éviscération écologique – et la candidate LR partagent un commentaire commun des résultats records de la Bourse de Paris, de la filière du luxe ou des géants du numérique. D'autre part, l'indestructible rouleau-compresseur marchand, l'omnipotente industrie de la finance, les propriétés aliénatrices du capitalisme contemporain, l'ivresse du pouvoir et du scientisme stimulés par la puissance du *greenwashing* et celle des groupes de pression, déterminent encore « tellement » – jusqu'aux rapports de force géopolitiques – que l'heure est toujours davantage au mirage qu'à l'espoir réaliste. La vertigineuse comédie dramatique (et succès planétaire) d'Adam McKay, *Don't look up*[1], n'est pas « que » fiction.

Néanmoins, et cette réduction des divergences politiques l'illustre, quelques rais de lumière commencent de percer l'épais maquis. Même la décroissance, lorsqu'elle est affectée à des activités objectivement nuisibles, n'apparaît plus comme un épouvantail. La conscience d'un anthropocène dystopique n'est plus minoritaire. Conscience que la planète de *tous les vivants* dépérit, conscience que les déséquilibres, les inégalités et les injustices sociales sont intolérables, conscience que l'avenir des jeunes générations – elles-mêmes encellulées dans une éco-anxiété soudaine – est sombre voire apocalyptique, conscience que les ravages écologiques se multiplient et désormais favorisent même l'apparition de virus pandémiques. Mais aussi conscience de l'inanité intellectuelle, morale, artistique, affective, sociale

1. *Dont'look up : déni cosmique*, film d'Adam McKay, 2021.

propre à la double et insécable obsession de la *croissance* et du *matérialisme*. *Produire*, verbe hier sacralisé, vacille. *Extraire*, *posséder*, *gagner*, *réussir*, trébuchent, puisqu'ils sont synonymes, pour partie, de destruction. Cette conscience plurielle ouvre l'avenue. Ou, plus justement, entrouvre la possibilité de creuser une ruelle… Mais c'est déjà un début. Ce début, il s'agit de lui conférer les moyens de devenir une *métamorphose* – y compris en matière de régénération démocratique – irréductible. Irréversible.

Ces moyens, outre ceux d'une révolution intérieure du capitalisme et du libéralisme financiers – bien peu probable, nonobstant les promesses habilement communiquées –, sont nichés dans les consciences individuelles. Lesquelles, à la faveur d'une coagulation, peuvent infuser – par la contrainte davantage que par la conviction – dans celles des décideurs politiques, économiques et institutionnels, l'urgence d'un *aggiornamento*. Des consciences coalisées en *classe*, une *classe écologique* maçonnée en riposte à ce libéralisme échevelé qui, selon Bruno Latour, a « trompé » en faisant croire que le développement était illimité et éternel.

Philosophe et sociologue radical, Bruno Latour – associé à Nikolaj Schultz – égraine dans *Mémo sur la nouvelle classe écologique*[1] soixante-seize repères (analyses, doctrines, propositions) destinés à positionner l'écologie à l'épicentre des consciences, de telle sorte qu'elle orchestre la pensée et la politique comme, plus tôt dans l'histoire, le libéralisme ou le socialisme. Et que donc prenne forme

1. Bruno Latour et Nikolaj Schultz, *Mémo sur la nouvelle classe écologique*, Paris, la Découverte, 2022.

une « classe écologique », aux commandes d'une nouvelle économie : « Celle-ci dirigeait son attention vers la mobilisation de ressources en vue de la production », elle doit maintenant honorer les « conditions d'habitabilité du monde terrestre ».

De cet opuscule, qui ne peut pas faire l'unanimité, il ressort un changement de paradigme pertinent : l'écologie politique agace, ennuie, panique et divise parce qu'elle a choisi une rhétorique punitive, et donc désespérante. « Comment peut-elle mobiliser les foules vers l'avant et être fidèle aux traditions progressistes, alors même que c'est le progrès qu'elle met en cause ? » Cette classe écologique ne fait pas l'impasse sur les nécessaires injonctions et coercitions, mais elle énumère aussi les accomplissements qu'elle est capable de générer et grâce auxquels peut se former une dynamique. L'auteur d'*Où suis-je ? Leçons du confinement à l'usage des terrestres*[1] de revendiquer alors la quête de « prospérité », les « entraves positives » préférées à la *décroissance*. L'idéal écologique peut rassembler si aux seules *dépossessions* et autres *renoncements* cardinaux dans le lexique écologique se substitue une possibilité heureuse. « Rendre la terre habitable et la vie bonne » ne constituerait-il pas, en effet, une projection plus fédératrice que la seule litanie des privations brandie pour justifier la priorité écologique ? La sobriété peut être heureuse si elle n'est pas « seulement » associée à des sacrifices et si elle engendre une perspective. Cette classe écologique « a le devoir de chercher un nouvel alignement entre les angoisses, l'action collective, les idéaux et le sens de l'histoire », estiment les

1. Bruno Latour, *Où suis-je ? Leçons du confinement à l'usage des terrestres*, Paris, La Découverte, 2021.

deux auteurs. Et pour cela, un principe fait socle : « Relier en permanence le *monde où l'on vit* au *monde dont on vit* ». On pourrait même ajouter : et au *monde dont on prépare la vie*. Ainsi l'horizon s'étendrait, et le *sens de l'histoire* serait incarné.

Quid de la *croissance* dans cette ambition ? « Sans *État de l'écologisation*, aucun fonctionnaire, aucun élu, n'est préparé à dire comment passer de la *croissance* – et ses misères associées – à la *prospérité* – et ses sacrifices associés », estime le duo. Bien. Mais la transformation idéale à laquelle il aspire ne peut pas s'épargner le réel. Ni le réaliste.

Ce concret et ce possible, c'est séparer le bon grain de l'ivraie : concentrer *véritablement* les investissements, l'innovation, les emplois, mais aussi l'éducation, sur la production des bonnes semences, cesser *concrètement* les investissements, l'innovation, les emplois et l'éducation dévolus aux activités nuisibles. De quoi, par ailleurs, réhabiliter l'item *production*, qu'il est inepte de pourfendre sans nuances : il est l'acte de *faire* qui jaillit de l'acte de *penser*, et donc il est accomplissement d'*être*. Le *faire* dépend du *penser* qui le féconde, et le *penser* dépend de l'*être* qui l'abrite. Ce dernier n'a-t-il pas le droit d'être vertueux ? Alors, les initiatives entrepreneuriales comme celle de Lhyfe, *de plus en plus* nombreuses, mais toujours *si peu* nombreuses, qui convoitent le devoir écologique, la responsabilité sociale, et le sens – du métier, de l'organisation, du collectif qui les met en scène – ne méritent-elle pas de croître ?

Bruno Latour et Nikolaj Schultz concluent leur « mémo » par l'évocation de l'historien Paul Veyne : « Les grands bouleversements sont parfois aussi simples que le mouvement que fait un dormeur pour se retourner dans son lit. » Le chambardement écologique et civilisationnel auquel *toute* l'humanité est convoquée ne peut pas se concevoir sans une *certaine* entreprise. Ni une *certaine* croissance. Lesquelles, malheureusement, se propagent plus difficilement qu'un simple mouvement dorsal sur un matelas.

Janvier 2022

La jeunesse prend le pouvoir : Alléluia !

La « grande démission » des salariés outre-Atlantique consacre un spectaculaire retournement du rapport de force avec les employeurs, historiquement confisqué par ces derniers. Au cœur de ce choc : la fameuse « quête de sens » sur laquelle les jeunes générations indexent leur choix d'existence professionnelle – de la formation à l'emploi. Mais que se cache-t-il sous l'écorce de ce qui est devenu un lieu commun ? La transformation en profondeur à laquelle elles sont sommées pour (sur)vivre exhorte les entreprises à maîtriser les véritables aspirations et exigences de cette jeunesse. Elles doivent cesser de croire que mieux respecter l'équilibre entre vie privée et vie professionnelle, proposer de confortables rémunérations et faire briller de duplices conditions de travail à coups de baby-foot et de cours de yoga, suffira. Les attentes de vingtenaires et de trentenaires qui désavouent les préjugés et démontrent aimer le travail et l'entreprise vont au-delà. Ils peuvent « apporter beaucoup » aux employeurs disposés à les accueillir, et pour cela à les comprendre. Portrait d'une jeunesse à séduire et à convaincre.

« La grande démission » : c'est ainsi qu'est baptisé le tsunami des démissions outre-Atlantique. Ils sont en effet trente-huit millions d'Américains à avoir quitté leur emploi en 2021. La pandémie a constitué un facteur démultiplicateur, mais la vague avait commencé de prendre forme auparavant. Une vague composée majoritairement de jeunes, certains n'hésitant pas à scander leur décision *émancipatrice* voire *libératrice* sur les réseaux sociaux. Et ce qui est symptomatique du désarroi et/ou de la détermination de ces démissionnaires, à l'égard en premier lieu de l'entreprise et des employeurs, c'est que 40 % d'entre eux ont « claqué la porte » sans nouveau point de chute ; au pays des couvertures sociales, chômage et santé anémiques, ce chiffre énoncé par le cabinet McKinsey revêt une dimension encore plus spectaculaire.

En tête des raisons culminent le sentiment d'être insuffisamment valorisé par l'organisation et par les managers, et celui, déliquescent, d'appartenance au travail. Des motifs spécifiques que la propagation du télétravail exacerbe : nonobstant d'indéniables atouts, le télétravail est synonyme d'éloignement physique et « affectif », d'éclatement des cellules de travail et d'intelligence collective, de pression productiviste, de dilution conjuguée des sphères privée et professionnelle, de défi (ou plutôt de péril) managérial… bref, toutes « bonnes raisons » d'éprouver ces sentiments de non-reconnaissance et de distanciation.

« Notre génération doit écrire une nouvelle page de l'histoire du salariat. On doit forcer les entreprises à être meilleures, à nous traiter en êtres humains, à tenir leur parole. » Ainsi, rapporte *Le Monde*, s'exprime Gabby Ianniello, jeune New-Yorkaise qui « croyait être heureuse » en ayant « remboursé [sa] dette étudiante, perçu un salaire annuel de 100 000 dollars, obtenu un beau logement », cela au service marketing d'une entreprise pour laquelle elle a « sacrifié santé physique et mentale »[1]. Tout un symbole.

Face à cette déflagration qui déstabilise le marché du travail et consacre le retournement du rapport de force historiquement dévolu aux employeurs, ces derniers rivalisent de louables intentions. Ils clament être désormais « pleinement déterminés » à assurer à leurs collaborateurs équilibre des vies privée et professionnelle, rémunération revalorisée, bien-être psychique et physique. Une condition pour séduire les meilleurs candidats, une condition pour espérer les conserver. Mais une condition bien insuffisante, tant elle dissone des particularismes moraux, des réelles aspirations, des véritables exigences de cette jeunesse. Nombre d'entreprises sont désarmées, et les pansements qu'elles proposent sont loin de soulager durablement les doléances, encore moins de cautériser les plaies – en premier celles que ces générations Y et Z ont vu endolorir l'existence de leurs (grands-)parents lorsqu'ils étaient victimes d'indicibles pratiques managériales et sociales. Il est compréhensible que la population *baby-boom* regrette le *désinvestissement quantitatif* des jeunes générations ; mais outre qu'elle l'a conditionné par ses errements, ne doit-elle pas souligner avant tout l'*investissement qualitatif* qui les caractérise… lorsque les conditions sont réunies ? Et réveiller le *goût* du travail ?

Exemple savoureux, celui d'une Française expatriée au Canada. Recrutée par un Big Four (l'un des quatre grands cabinets mondiaux d'audit), elle s'est vue offrir

1. Arnaud Leparmentier, « L'immense vague de départs dans les entreprises américaines bouleverse le marché du travail », *Le Monde*, 25 janvier 2022.

une surenchère d'avantages : doublement du nombre de semaines de congés, multiples services « santé » (soutien psychologique, accès aux salles de sport, cours de yoga, etc.), promesse d'horaires de travail décents. Et avant même d'avoir débuté son contrat, de percevoir à sa grande surprise une substantielle augmentation de salaire – pour « s'aligner » sur ceux de la concurrence. Est-elle pour autant comblée ? Non. Trop de questions la tourmentent, qu'aucune réponse matérielle ne peut apaiser. En tête de ces interrogations : « Ce que j'accomplis chaque jour, à quoi *ça me sert* » ? « À quoi *ça me sert*, et à quoi *ça sert* ? », s'inquiète, en écho à sa propre situation, l'une de ses amies, qui imbrique avec clairvoyance l'intérêt intime et l'intérêt exogène – général et altruiste – de son métier.

« Sens » : cette quête, cette obsession, est devenue un fourre-tout, un lieu commun, et pourtant un objet cardinal, capital, sur toutes les lèvres d'une jeunesse qui a engagé avec le travail et avec l'entreprise une relation d'une grande tension. Selon une étude du cabinet YouGov réalisée en septembre 2021, 78 % des 18-24 ans interrogés « n'accepteraient pas un emploi qui n'a pas de sens pour eux »[1]. Aligner le choix de leur travail sur leur corpus de valeurs n'est pas négociable. Il faut s'en réjouir. Il faut aussi en examiner les ressorts et les limites. Il faut, surtout, comprendre.

Jeunesse. Sens. Et valeurs – terme à manier avec précaution, tant il est désormais galvaudé, voire instrumentalisé. Les mots sont lâchés. En préambule, il est déterminant de rappeler que la jeunesse est extraordinairement hétérogène ;

1. « Jeunes et 1er emploi », étude YouGov pour *Monster*, 21 septembre 2021.

elle est un kaléidoscope d'origines ou de marqueurs (sociaux, ethniques, culturels, territoriaux, scolaires), un archipel de trajectoires, et au final elle compose une « mosaïque de jeunesses ». Qu'ont de commun le fils de professeur d'université ou de chef d'entreprise « préparé » aux grandes écoles, le fils d'aide-soignante cloîtré dans sa cité d'Aubervilliers, le fils d'artisan élevé dans la campagne aveyronnaise ?

Ensuite, il faut distinguer l'origine ou l'objet du « sens » que traque cette jeunesse. Or domine souvent la confusion : le sens de l'activité de l'entreprise est indépendant du sens du métier exercé, du sens de la fonction occupée, du sens de la responsabilité accomplie. « Ces » sens peuvent s'agglomérer dans une dynamique vertueuse, ils peuvent aussi s'annihiler, ils peuvent enfin combiner une redoutable descente aux enfers. *Quel sens* affecte-t-on à son travail dans une ONG *riche de sens* et dont l'organisation ou le management *dessèchent le sens* des emplois ? Ne peut-on pas revendiquer, grâce à un climat social, à une politique managériale, à une culture entrepreneuriale, à une *authentique* considération humaine vertueuse, un travail *plein de sens* au sein d'une entreprise dont l'activité est *dépourvue de sens* ? D'ailleurs, s'il est aisé de maquiller l'absence de sens de l'entreprise sous un vernis respectable – l'habile communication des fondations et des actions philanthropiques l'atteste –, il est impossible de camoufler et de travestir durablement les manquements managériaux et sociaux qui dissolvent le sens que l'exercice de l'emploi est censé fournir.

Enfin, il faut décortiquer la racine et la nature des motivations de cette jeunesse, il faut déchiffrer la substantifique moelle d'une dissidence qui peut effrayer, qui doit surtout questionner le cœur des entreprises : leur ADN, leur gouvernance, leur stratégie, leur fameuse « raison d'être ». Car s'il est un dénominateur commun à « toutes les jeunesses », c'est leur lucidité quant à la cohérence des discours et des actes, des promesses et des réalités diffusés par l'entreprise. Ces jeunesses observent l'entreprise d'un même œil exigeant : celui du consommateur et celui du salarié. Et si parfois elles poursuivent un cheminement duplice au gré des circonstances, elles ne sont dupes de rien et s'échappent sans scrupules lorsque l'opportunité survient. Les générations Y et Z ont appris de leurs aînés, ou plus précisément des précipices sociaux et environnementaux que ces derniers ont méthodiquement creusés, une disposition particulière : le cynisme.

Il existe pléthore d'études, d'enquêtes, de livres disséquant les propriétés intimes de cette jeunesse, qui font si peur aux entreprises encore sourdes ou dans l'incapacité, volontaire ou subie, d'accomplir la transformation nécessaire. Car là aussi le rapport de force s'est inversé, à leur détriment.

De ces travaux, que ressort-il ? Cette jeunesse est avide de liberté et d'exercer ses choix, elle est aussi particulièrement sensible à certaines scories de la société contemporaine : inégalités, discriminations, hypermatérialisme et rupture du « pacte générationnel de progrès social » que leur ascendance avait promis et devait cimenter. Des scories auxquelles l'entreprise, par essence, participe.

D'autre part, phagocytée par les nouvelles technologies de communication, d'information, de relations sociales et de travail, cette jeunesse cultive un rapport inédit au *temps*, au *futur* et au *réel* : son temps est immédiat, erratique, urgent, son futur a pour horizon le… présent, et son réel est, en partie, virtuel. Ce triple focus hypothèque un investissement durable et fidèle dans l'entreprise – investissement auquel elle n'est de toute façon plus disposée à associer de sacrifice ni de renoncement personnel et familial.

Cette tendance à la désaffiliation vis-à-vis de l'entreprise n'annonce en revanche aucun désengagement dans l'exercice du métier. Au contraire même, dès lors que la mission s'effectue dans un cadre culturel, social, managérial, qui nourrit le sens espéré. « Les jeunes ne font plus du travail une obligation morale, confie au *Monde* le sociologue Olivier Galland[1]. En cela, ils se démarquent des autres générations. Ils sont plus qu'avant motivés par l'intérêt du poste lui-même, par leur mission. » Et, faut-il ajouter, par le comportement de l'entreprise en matière environnementale.

C'est là le point central et universel de leurs revendications : la cause climatique et écologique. Dans son essai *La Révolte*[2], la journaliste Marine Miller met en exergue, et avec grande acuité, le défi que lance la jeunesse hautement diplômée aux mondes de la formation et de l'entreprise. Où apparaît une vive contestation de la part de cette jeunesse : à l'égard des modèles économiques enseignés (traditionnels, conservateurs et insuffisamment *perturbés* ou *enrichis* par les disciplines des sciences sociales), à l'égard d'une culture de la critique atrophiée, à l'égard d'une place ridicule réservée aux enjeux environnementaux et climatiques. Or cette jeunesse a soif de politiser son itinéraire professionnel et exige que l'entreprise qui l'emploiera ne malmène pas ses valeurs écologiques. C'est, chez nombre

1. Anne Rodier et Jules Thomas, « Le rapport des jeunes au travail, une révolution silencieuse », *Le Monde*, 23 janvier 2022.
2. Marine Miller, *La révolte*, Paris, Seuil, 2021.

de jeunes et cela quel que soit leur niveau d'études, un critère déterminant, même capital, de leur orientation professionnelle.

Cette vérité devenue évidence, Frédéric Dabi, directeur général Opinion de l'IFOP, et Stewart Chau en font la démonstration dans *La Fracture*[1]. De cette étude « Nouvelle vague » conduite en février 2021 et mise en perspective avec celles réalisées par l'institut de sondages à chaque décade depuis les années soixante et jusqu'en 1999, il ressort en effet que : « l'environnement constitue assurément le sujet majeur qui alimente l'engagement des plus jeunes générations et devient un de ses marqueurs forts. Leur conscience écologique s'est nourrie de la crise sanitaire pour consacrer l'idée de vulnérabilité. Une sorte de "génération Paul Valéry" se fait jour, clamant d'une même voix : "Nous autres, civilisations, savons que nous sommes mortelles". »

Au-delà, quelles aspérités cette jeunesse révèle-t-elle ? Un déficit abyssal d'*idéal* (42 % déclarent nécessaire d'avoir un idéal pour vivre, ils étaient 82 % à l'aube du XXIe siècle), un *doute* omniprésent et tentaculaire – y compris à l'endroit de la France, de l'État et de la démocratie –, une vive défiance à l'égard de la *chose politique* (élus comme élections), un *désenchantement* criant, un séparatisme sur les *enjeux de société* – ces « indignés permanents », « profondément insatisfaits du fonctionnement de la société », expriment une très vive sensibilité aux thèmes de l'inégalité et des discriminations, terreau favorable aux postures wokistes, et « font bande à part ». Enfin, une écoanxiété d'une soudaineté et d'une violence inédites : en septembre

1. Frédéric Dabi et Stewart Chau, *La Fracture*, 2021, *op. cit.*

2021, dans une enquête réalisée auprès de 10 000 jeunes âgés de 16 à 25 ans de dix pays du Nord et du Sud, *The Lancet* énonçait que 75 % d'entre eux jugent le futur « effrayant », 56 % estiment l'humanité « condamnée » et 39 % « hésitent à avoir des enfants »[1].

Mais cette jeunesse aussi – et surtout ? – « a toujours foi en elle, en sa force et en sa capacité d'intégration dans l'univers professionnel » ; elle demeure « optimiste, et bien davantage que dans le reste de la population » ; la crise pandémique n'a pas découragé son « goût du risque » ; elle confère à son avenir de grandes ambitions et un potentiel d'épanouissement très élevé – selon des niveaux d'adhésion nettement supérieurs à ceux observés en 2013 – ; et au final, elle démontre une « remarquable résilience ». « Ces jeunes croient en eux-mêmes, bien davantage que leurs aînés », soulignent les auteurs. Et ils croient en l'entreprise.

Effectivement, et ce n'est pas là le moindre des paradoxes, 80 % des jeunes interrogés la plébiscitent, quelles que soient leur trajectoire personnelle et leurs convictions politiques. La « décrispation idéologique » s'est imposée, le goût d'entreprendre domine, et il faut s'en réjouir. Cette jeunesse a foi en l'entreprise. Mais pas n'importe laquelle. La « condition *sine qua non* » est son « comportement exemplaire sur le terrain environnemental et sociétal ». Il n'est pas inutile d'insister sur ce point… et de se féliciter que cette génération soit tout à la fois « lanceuse d'alerte et soldat au front, déterminée à inscrire dans la durée ses valeurs, son rapport au travail, sa vision de la politique, ses usages en matière d'information, ses aspirations pour les

1. Elizabeth Marks, Caroline Hickman, Panu Pikhala et al., « Young people's voices… », 2021, art. cité.

enjeux écologiques ». Reste une question, fondamentale : est-il du devoir de l'entreprise de *fournir du sens* ? N'est-il pas audacieux voire périlleux de lui confier cette responsabilité ? N'est-ce pas en dehors de l'entreprise, dans sa vie familiale, amicale, culturelle, sportive, associative, qu'il faut approfondir sa quête de sens ? Et d'ailleurs, est-ce en dehors de soi que l'on cultive le sens de son existence ? Dans le magnifique film d'animation *Le Sommet des dieux*[1], un alpiniste en marche vers son destin regarde la civilisation avec ironie. Il moque cette « quête de sens » collective à laquelle il se confronte : sa propre existence *est* sens.

Février 2022

---

1. *Le sommet des dieux*, film d'animation de Patrick Imbert, 2021. Adaptation du manga *Le Sommet des dieux*, de Jirō Taniguchi, d'après le roman de Baku Yumemakura (2000-2003).

Emmanuel Macron,
« en même temps » digne et traître de gauche

La gauche française aujourd'hui en décomposition et qui se singularise dans l'Europe des vigoureuses social-démocraties, « paye-t-elle » la politique de… gauche menée depuis 2017 ? Le bilan d'Emmanuel Macron, une fois scruté au révélateur des marqueurs de gauche, peut être résumé ainsi : de grandes promesses et une concrétisation insuffisante, des actes réels et d'autres manqués, des trahisons dissimulées sous d'ostensibles effets d'annonce, mais aussi de véritables initiatives. Ni de droite ni de gauche : le chef de l'État avait promis de suivre cette ligne de crête, et finalement il a tenu parole, mais par un chemin de traverse : celui d'être de droite ou de gauche au gré des intérêts circonstanciels et du principe de réalité. Au risque de décevoir à droite (un peu), à gauche (beaucoup).

Ultime tribune de ce recueil. Nous sommes au début du mois de février. Sauf si, bien sûr, d'ici au 10 avril une conjoncture extraordinaire venait à dévaster le crédit du reste de l'échiquier politique national, la probabilité que la gauche emporte l'élection présidentielle est exactement nulle. Une probabilité conforme au spectacle qu'elle exhibe depuis de longs mois, le numéro de clown d'Arnaud Montebourg, l'entêtement pathétique d'Anne Hidalgo et l'entrée en scène ubuesque de Christiane Taubira l'ayant auréolée d'un cynisme et d'un sarcasme aux interprétations les plus extrêmes : désespérants pour les sympathisants de gauche, hilarants pour leurs opposants. Heureusement pour ces figures historiques que le ridicule ne tue pas. À propos de figure historique : que dire de l'ancienne garde des Sceaux, osant provoquer la pagaille – et concourir sans programme – alors qu'aucun électeur socialiste ne peut oublier que son narcissisme et sa vanité ont coûté la qualification de Lionel Jospin pour le second tour de l'élection de 2002 et très probablement ont privé la France d'un quinquennat rose autrement plus réjouissant que la léthargie dans laquelle Jacques Chirac le chloroforma ? Au moment d'écrire ces lignes, la possibilité que la locomotive de la gauche, le Parti socialiste, déraille et se disloque définitivement n'est même pas exclue ; miné par le vide idéologique, la vacuité propositionnelle et les luttes de pouvoir et d'ego, il est concrètement menacé de disparition.

La France n'est pas malade de *la* gauche, mais de *sa* gauche. Partout en Europe, de l'Allemagne d'Olaf Scholz (SPD) au Portugal d'António Costa, de l'Europe du Nord – la social-démocratie domine en Suède, en Norvège et au Danemark – à l'Espagne de Pedro Sánchez, des coalitions de gauche sont au pouvoir. Preuve que le cas français n'est pas un symptôme parmi d'autres d'une fatalité générale. Ni la place impartie dans ces pages ni les compétences de l'auteur ne permettent d'investiguer les racines historiques, sociologiques, politiques de cette décrépitude. Mais une piste mérite d'être creusée : et si cette descente aux enfers avait pour origine qu'Emmanuel Macron s'est révélé être un *président de gauche* ? Et ainsi aurait siphonné une partie substantielle de l'électorat historique – promis, en cumul (alors même que cette règle ne s'applique pas), à moins de 30 % des intentions de vote en additionnant Europe Écologie-Les Verts.

Bien des faits invalident cette hypothèse. D'ailleurs, au moment même d'entamer cette rédaction, la publication du rapport de la Fondation Abbé-Pierre sur le mal-logement[1] sonne comme un symbole sans équivoque. Réforme inique de l'APL, progression incontrôlée des prix, « dégradation » des services publics, nombre record de personnes sans domicile (trois cent mille, deux fois plus qu'il y a dix ans), plus de quatre millions d'individus « mal logés », offre de constructions cruellement insuffisante, saignantes coupes budgétaires, et un vif regret : l'enjeu du logement est absent du plan France Relance doté de 100 milliards d'euros et centré sur l'écologie, la compétitivité et la cohésion – comme si le logement ne sollicitait pas ces trois items ! Au final, le réquisitoire est sans appel : « Le logement n'a jamais été une priorité du quinquennat. » Or le logement pour tous et la lutte contre la pauvreté constituent deux des principaux marqueurs de gauche.

Retirer à Emmanuel Macron des attributs de gauche serait toutefois inepte, et de cette même « injustice » à laquelle ses adversaires confinent sa politique générale. La réalité se niche au centre de l'échiquier, au croisement d'initiatives et de lois à bien des égards ambivalentes. Cette réalité n'est bien sûr pas manichéenne, elle n'est ni blanche ni noire, elle adopte des gris plus ou moins clairs ou sombres selon les thématiques et les circonstances. Plus encore, un

1. Fondation Abbé-Pierre, *L'état du mal-logement en France 2022*, rapport annuel n° 27, janvier 2022.

écart parfois profond apparaît entre le discours et les actes. Comme si l'élève de Paul Ricœur possédait une véritable *conscience de gauche* et qu'« en même temps » le contexte, la réalité de la gouvernance, la stratégie et l'opportunisme électoralistes, peut-être aussi une intime conviction à l'épreuve des faits, lui dictaient une *politique de droite*. « En même temps » : c'est d'ailleurs à ce désalignement que s'applique le mieux cette locution dont il est l'emblème.

Dans sa livrée de janvier, *Alternatives économiques* dresse « son » bilan du quinquennat. Et le titre est explicite : « Le président de l'injustice[1] ». Qu'il s'agisse de fiscalité, d'entreprises, d'emploi, de pauvreté, de protection sociale, de jeunesse, d'enseignement, d'environnement (climat, énergie, biodiversité), de transport, de santé, de fonction publique, de territoires, de sécurité, d'immigration, de politique étrangère, de culture et bien sûr de logement, rien de la politique d'Emmanuel Macron ne trouve grâce auprès du – pertinent – mensuel de gauche. D'ailleurs, l'énumération n'est pas exhaustive. On pourrait souligner, par exemple, l'indifférence voire le mépris affiché par l'exécutif à l'endroit des corps intermédiaires, syndicats en tête, au détriment d'un dialogue social que ces cinq années n'ont pas cherché à ranimer.

Bien peu des arguments de la rédaction sont contestables. Ils ne sont toutefois pas suffisants. Un examen moins partial permet surtout d'insister sur la *mise en œuvre ratée d'initiatives de gauche*. Là encore, le « en même temps » révèle davantage l'incohérence entre la rhétorique et les faits que le déploiement d'une politique délibérément

1. « Bilan, Emmanuel Macron, le président de l'injustice », *Valeurs économiques*, 1er janvier 2022.

« de droite ». Souvent les « montagnes ont accouché de souris », mettant en lumière l'une des expertises du jeune quadragénaire, nourrie par une dextérité intellectuelle et un charisme hors normes : sa science de l'impression, du mot et de l'image.

Exemples ? Nicolas Hulot, nommé ministre d'État de la Transition écologique et solidaire. Quelle perspective stimulante... pour l'issue que l'on sait. Le Grand Débat puis la Convention citoyenne pour le climat et la création du Haut Conseil pour le climat ? Initiatives démocratiques audacieuses et alléchantes... imparfaitement conclues, et auxquelles la loi Climat et Résilience offre un support insatisfaisant et frustrant. Et le Haut-Commissariat au Plan, ressuscité en 2020 après que le Premier ministre Dominique de Villepin avait brutalement dissous en 2006 son devancier, le Commissariat général au Plan ? N'est-ce pas « de gauche » que de faire renaître les notions cardinales de perspective, de temps long, de cap, que les tyrannies de l'immédiateté, de la réaction et de la marchandisation ont balayées ? Certes. Mais pour de sordides transactions politiciennes, le confier à François Bayrou qui l'instrumentalise au profit de sa visibilité médiatique et de ses intérêts tactiques partisans, c'est pire qu'une erreur : une faute. À *quoi* sert d'ailleurs ledit Haut-Commissariat ? La question fait sourire ou taire les observateurs. *Qui* sert-il ? Cette fois, la réponse sonne comme une évidence. Des *actes manqués* : voilà à quoi peut être résumée en partie la politique d'Emmanuel Macron auscultée à la loupe « de gauche ».

Alors, Emmanuel Macron définitivement dissident de la pensée de gauche, et même traître de gauche ? Rien n'est moins sûr, tout au moins en matière de ressenti. Une enquête Ipsos-Sopra Steria, conduite en partenariat avec le Cevipof (IEP Paris) et la Fondation Jean-Jaurès, apporte de subtils éléments de réponse : 36 % des électeurs de François Hollande en 2012 promettent leur bulletin à Emmanuel Macron dix ans plus tard – ils étaient 46 % en 2017[1]. Le recul n'étonnera pas, mais le seuil demeuré élevé « dit » quelque chose… même si la même enquête révèle que les « Hollandais 2012 » n'ont cessé, depuis, de se droitiser.

Ni de droite ni de gauche, ou de gauche et de droite : peu importe la sémantique retenue, il n'est pas contestable qu'Emmanuel Macron aura réussi le pari – et cela quels que soient les domaines – de dynamiter la muraille des doctrines qui, depuis des décennies, compartimentait de manière hermétique les camps de gauche et de droite républicaines, l'extrême droitisation de cette dernière et sa radicalité xénophobe sur les sujets d'immigration et de sécurité constituant une dynamique à laquelle n'échappe d'ailleurs pas… la gauche. L'exemple de la Suède et du Danemark est, à ce titre, éclairant : la social-démocratie y prospère de nouveau parce qu'elle a adopté à cet égard une position dure, réclamée par les électeurs. Mais faut-il s'en étonner ? Qui souffre le plus de l'insécurité, des violences, des trafics ? Qui est le plus exposé à l'arrivée de migrants livrés à eux-mêmes, dépossédés de l'accompagnement (en matière sociale, d'éducation, de soins, de logement, de formation) nécessaire : les habitants de la rue de Passy dans le XVIe arrondissement parisien ou ceux des cités insalubres, vidées des services publics, du nord de Marseille ? Yannick Jadot affirmant que le phénomène migratoire « n'est pas

---

1. Ipsos-Sopra Steria, *Enquête électorale 2022 vague 4*, janvier 2022.

un problème en France » ferait bien de s'entretenir avec les deux publics qui en souffrent : les migrants eux-mêmes, et les populations confrontées aux conséquences d'un accueil migratoire inadapté et indécent. Ne pas traiter *franchement* avec humanité (et lucidité) l'immigration et ne pas traiter *franchement* avec autorité (et sensibilité) la sécurité, c'est laisser prospérer les deux poisons que les formations populistes d'extrême droite, Reconquête ! et Rassemblement national, s'emploient fallacieusement à ligoter au profit de leur audience.

Quels que soient les domaines donc, le chef de l'État a su provoquer puis faire fructifier cette implosion du cloisonnement historique. Et d'autres réalités que celles, implacables, énoncées ci-avant peuvent au contraire attester d'une certaine *conscience de gauche* : arrêt des projets Notre-Dame-des-Landes et Montagne d'or en Guyane, loi Pacte, loi EGalim (issue des états généraux de l'alimentation), loi d'orientation des mobilités (favorisant les alternatives douces à l'autosolisme), recul drastique du chômage, développement de l'apprentissage (15 milliards d'euros affectés au plan d'investissement dans les compétences), lutte contre la pauvreté (8,5 milliards d'euros du Plan pauvreté dévolus notamment à la petite enfance et à l'insertion), soutien à la jeunesse (9 milliards d'euros promis dans le cadre du plan « 1 jeune 1 solution », contrat d'engagement jeune pour les plus précaires, service national universel, gratuité de la contraception étendue avant l'âge de 15 ans et jusqu'à 25 ans), dédoublement des classes primaires dans l'éducation prioritaire (avec à la clé la création de quinze mille postes), suppression de l'ENA au nom de la lutte contre les inégalités et pour la diversité, initiatives et engagement pro-européens incontestables, cause des femmes (en riposte aux violences ou aux inégalités de sexe avec la loi Rixain), directive sur les droits d'auteur, processus de restitution d'objets d'art pillés sous la colonisation, etc.

Bien sûr, et le Ségur de la santé mesuré à la piteuse situation organisationnelle, managériale et sociale des hôpitaux en est la démonstration, chacune de ces initiatives énoncées a sa part d'ombre. Mais aussi, il faut le reconnaître, sa part de « lumière »… de gauche. L'ensemble des dispositifs déployés depuis le début de la crise pandémique pour soutenir l'économie, l'emploi, la culture ou encore l'éducation – aucun pays n'a autant maintenu les écoles ouvertes – ne peut qu'illustrer le *sens* de l'État auquel Emmanuel Macron est lié (ou s'est rallié).

Il est toutefois un domaine en particulier qui constitue une trahison de la principale « valeur » de gauche : la lutte contre les inégalités et les injustices. Cette trahison a pour support une fiscalité (notamment la suppression de l'ISF, et surtout la diminution de l'imposition sur les revenus du capital avec la création du prélèvement forfaitaire unique) qui a participé à copieusement enrichir les plus riches et à accroître certaines inégalités. Quant aux effets supposés sur la « relocalisation » – celle des fortunes exilées et celle des investissements –, aucune étude n'est venue, depuis, les étayer. Et l'inaction face aux indécents trésors accumulés pendant ou plutôt *grâce à* la crise pandémique, acquis indirectement (et parfois directement) à la faveur des nombreux plans de soutiens de l'État, confine à l'incompréhension. Les 137 milliards d'euros de profits générés en 2021 par les entreprises du CAC 40 doivent-ils pour l'essentiel tinter dans les seules poches des actionnaires et/ou financer le rachat de titres ? Toute conscience – universelle, indépendamment des obédiences idéologiques – n'a qu'à se plonger dans le rapport 2022 d'Oxfam[1] pour s'étrangler : les milliardaires français ont engrangé 236 milliards d'euros supplémentaires depuis le début de la pandémie il y a dix-neuf mois. Les cinq premières fortunes de France ont doublé leur richesse et possèdent à elles seules autant que les 40 % les plus pauvres en France. Dans le monde, la fortune des milliardaires a plus augmenté depuis dix-neuf mois qu'au cours de la dernière décennie. Depuis la pandémie, le monde compte un nouveau milliardaire toutes les vingt-six heures, alors que cent soixante millions de personnes sont tombées dans la pauvreté.

Cette protection des riches avait (pour partie) coûté à Nicolas Sarkozy sa réélection en 2012, en ayant servi de support-slogan à François Hollande, déterminé à concentrer ses flèches sur une cible, « le monde de la finance ». Il est peu probable que le même argument provoque les mêmes effets dix ans plus tard. L'apathie des électeurs traditionnels de gauche face aux postures d'Emmanuel Macron dans ce domaine ne manque d'ailleurs pas d'interroger : la perception des inégalités et des injustices n'est-elle plus aussi prépondérante qu'autrefois ? Le combat de réduire les *inégalités injustes* n'est-il plus aussi cardinal à gauche ? Solidarité et fraternité, ces deux attributs de l'identité de gauche, font-elles érosion voire faillite dans une société qui n'a peut-être jamais été aussi morcelée et individualiste ?

Au final, Emmanuel Macron inspecté au prisme de gauche, c'est *de grandes promesses* et *d'insuffisantes concrétisations*. C'est aussi une interrogation : peut-on fondre le

1. Oxfam, *Les inégalités tuent*, 2022, rapport cité.

libéralisme économique – et ses corollaires sur le travail, le mérite, etc. – dans les exigences de justice propres à la gauche ? Manuel Valls fut le premier en France à s'en persuader, et sans doute la fameuse « troisième voie » fécondée à la fin du XIXe siècle et réactualisée par le trio Blair, Schröder, Clinton existe-t-elle. Depuis 2017, Emmanuel Macron s'est employé à la débroussailler, mais trop de mauvaises herbes continuent de la recouvrir. Une certitude toutefois : s'il est déclaré victorieux au soir du 24 avril, alors affranchi de tout enjeu de réélection cinq ans plus tard, il détiendra les clés pour révéler *qui il est vraiment*, il aura la liberté d'honorer ce qu'il *est véritablement* : un disciple ou une imposture de gauche, un contempteur ou un fantôme de droite. Il faudra alors scruter en particulier sa politique en faveur de l'environnement (climat, énergies, transports, biodiversité...), car celle-ci est appelée à constituer le squelette de toute politique générale – en matière économique, sociale, infrastructurelle, éducationnelle, agricole, etc. Si les électeurs de gauche lui accordent une seconde chance, charge à lui de ne pas les peiner ou les trahir une nouvelle fois.

Février 2022

Postface

Au rythme des actualités marquantes de ces derniers mois, Denis Lafay embarque le lecteur pour une traversée des enjeux géopolitiques contemporains en confrontant ses réflexions et l'observation du monde dans une critique stimulante des logiques à l'œuvre. Porté par la question « Où va-t-on ? », le lecteur fait escale dans des territoires virtuels (métavers), fantasmés (l'espace) ou bien tangibles (la terre ferme) qui sont autant de témoignages d'une période de profonds bouleversements. À l'épicentre de ces transformations, le contexte pandémique a accentué des fragilités préexistantes de nos sociétés : inégalités sociales et de santé, tensions entre responsabilités individuelles et collectives, dualité entre intérêts privés et bien public... Si ces thématiques font l'objet de réflexions menées de longue date dans le champ de la bioéthique, leur irruption dans le débat public a fait prendre conscience au plus grand nombre à quel point Santé et Humanité sont indissociables.

Les illustrations choisies dans cet ouvrage l'exposent implacablement : le bon fonctionnement des démocraties requiert des dynamiques de débat public dans tous les domaines. Sans nul doute, l'extension de la normalisation de la réflexion éthique à des champs auparavant marginaux (économique, numérique, etc.) témoigne d'une préoccupation grandissante pour les valeurs éthiques et de leur reconnaissance comme digue protégeant la lumière de l'humanité. Je glisse ici une pensée pour Axel Kahn qui nous rappelait si justement que « les principes classiques de l'éthique – autonomie, bienveillance, non-malveillance, justice – découlent de la réciprocité fondatrice de l'humanité ».

Dans le paysage composé de jeux d'ombres et de lumières qu'il nous dépeint, Denis Lafay nous donne des raisons d'espérer. L'électrochoc de la crise sanitaire a créé les conditions d'émergence d'autres systèmes de valeurs possibles au cœur desquels la réflexion éthique apparaît plus que jamais comme le moyen de faire société. Le dialogue entre citoyens, scientifiques et politiques devrait représenter le lieu privilégié pour répondre aux mutations contemporaines en ayant pour ambition première le respect des droits fondamentaux de la personne humaine. À cet égard, la démocratie en santé, l'inclusion, l'interdisciplinarité et la légitimation de la parole citoyenne qui sont au cœur de son développement méritent qu'on en salue l'augure.

L'espoir, encore, nous est permis au regard de la résilience dont a fait preuve la société, en dépit d'une focalisation médiatique sur les mouvements les plus réactionnaires. Les citoyens ont tenu. Les hôpitaux ont tenu. La protection des anciens a été portée comme valeur intrinsèque de notre humanité. Les jeunes générations, rudement mises à l'épreuve, ont montré une force remarquable. Dans les discours politiques, dans le débat public, dans le champ médical, l'éthique a gagné en représentation, mais sa culture reste à construire.

L'interpellation « Où va-t-on ? » nous invite à imaginer un cheminement collectif, un horizon commun et un espace de références partagées où la démarche éthique, ses valeurs de solidarité, de protection des plus vulnérables et la responsabilité intergénérationnelle qu'elle porte serviraient de repère aux sociétés pour faire face aux défis à venir.

Jean-François Delfraissy

Références citées[1]

« Allemagne, le chancelier Olaf Scholz veut lutter contre une "minorité d'extrémistes" anti-vaccins ». *AFP*, 15 décembre 2021.

Bacqué, Raphaëlle, Schneider, Vanessa. « Successions ». *Le Monde*, série d'été du 25 au 30 juillet 2021.

Berger, Laurent. *Quelle société veut-on ?*. Dialogue avec Denis Lafay. La Tour d'Aigues : l'Aube, 2020.

« Bilan, Emmanuel Macron, le président de l'injustice ». *Valeurs économiques*, 1er janvier 2022. URL : <https://www.alternatives-economiques.fr/emmanuel-macron-president-de-linjustice/00101560>.

Break free from plastic. *Brand audit report 2021*. URL : <https://www.breakfreefromplastic.org/wp-content/uploads/2021/10/BRAND-AUDIT-REPORT-2021.pdf>.

Bruckner, Pascal. « Wokisme : la résistance s'organise ». *Le Point*, 11 décembre 2021.

Brunel, Denys. *Le crépuscule des héritiers*. Paris : Le Nouveau Monde, 2020.

İleri, Eren Can, Her, Henri, Mazounie, Alix, Pinson, Lucie. *Drill, baby, drill; how banks, investors and insurers are driving oil and gas expansion in the Arctic*. Rapport. Reclaim Finance, septembre 2021. URL : <https://reclaimfinance.org/site/wp-content/uploads/2021/09/Drill_Baby_Drill_RF_Arctic_Report_23_09_2021.pdf>.

1. Tous les liens ont été vérifiés le 31 janvier 2022.

CDP Climate change report 2017, UK edition, octobre 2017. URL : <https://cdn.cdp.net/cdp-production/cms/reports/documents/000/002/772/original/UK-edition-climate-change-report-2017.pdf?1508938994/>.

Chapoutot, Johann. *Libres d'obéir*. Paris : Gallimard, 2020.

—. *Le grand récit*. Paris : PUF, 2021.

« Comment le cimentier Lafarge a travaillé avec l'État islamique en Syrie ». *Le Monde*, 21 juin 2016. URL : <https://www.lemonde.fr/proche-orient/article/2016/06/21/comment-le-cimentier-lafarge-a-travaille-avec-l-etat-islamique-en-syrie_4955039_3218.html>.

Couturier, Brice. *OK Millenials !*. Paris : L'Observatoire, 2021.

CSRI. *Credit Suisse Family 1000 : post the pandemic*. Rapport, septembre 2020. URL : <https://www.credit-suisse.com/media/assets/corporate/docs/about-us/research/publications/cs-family-1000-post-the-pandemic.pdf>.

Dabi, Frédéric, Chau, Stewart. *La fracture*. Paris : Les Arènes, 2021.

Dagen, Philippe. « Exposition : Najah Albukai, le Goya de l'horreur syrienne ». *Le Monde*, 29 mars 2021.

Dherbecourt, Clément, Fack, Gabrielle, Landais, Camille, Stantcheva, Stéphanie. « Repenser l'héritage ». *Les notes du Conseil d'analyse économique* n° 69, décembre 2021. URL : <https://www.cae-eco.fr/staticfiles/pdf/cae-note069

Droit, Roger-Pol, Atlan, Monique. *Le sens des limites*. Paris : L'Observatoire, 2021.

Duluc, Vincent. « Les traîtres de la Super Ligue ». Éditorial. *L'Équipe*, 19 avril 2021.

Faber, Emmanuel. *Chemins de traverse*. Paris : Albin Michel, 2011.

Fleurot, Damien, Souquière, Mathieu. *2022, la flambée populiste*. Paris : Plon, 2021.

Dont'look up : déni cosmique. Film d'Adam McKay, 2021.

Fondation Abbé-Pierre. *L'état du mal-logement en France 2022*. Rapport annuel n° 27, janvier 2022. URL : <https://www.fondation-abbe-pierre.fr/documents/pdf/reml2022_web.pdf>.

France. Film de Bruno Dumont, 2020.

Gossot, Frédéric, Stubler, Jérôme, Hermé, Pierre, Gaussin, Christophe. « France-Qatar, un partenariat commercial où tout le monde gagne ». *Les Échos*, 15 décembre 2020.

Guerrin, Michel. « Au Royaume-Uni, le mouvement visant à décoloniser la musique classique vire à la chasse aux sorcières ». *Le Monde*, 17 décembre 2021.

Horvilleur, Delphine. *Vivre avec nos morts ; petit traité de consolation*. Paris : Grasset, 2021.

Houdaille, Clémence, Le Priol, Mélinée. « Abus sexuels : quelle responsabilité pour l'Église ». *La Croix*, 6 octobre 2021.

Imbert, Louis. « En Israël, Micah Goodman, l'homme qui prône la "réduction du conflit" ». *Le Monde*, 4 octobre 2021.

Ipsos-Sopra Steria. *Enquête électorale 2022 vague 4*. Enquête réalisée pour le Cevipof, la fondation Jean-Jaurès et *Le Monde*, janvier 2022. URL : <https://www.ipsos.com/sites/default/files/ct/news/documents/2022-01/Rapport%20Ipsos_CEVIPOF%20LEMONDE%20FJJ%20_Enque%CC%82te%20e%CC%81lectorale%202022%20vague%204%20-%20Janvier2022.pdf>.

« Jeunes et 1er emploi ». Étude YouGov pour *Monster*, 21 septembre 2021. URL : <https://www.monster.fr/recruter/conseil-en-ressources-humaines/plus-de-contenu-rh/monster-x-etude-yougov-jeunes-et-1er-emploi/>.

Jonas, Hans. *Le principe responsabilité ; une éthique pour la civilisation technologique*. Paris : Flammarion, 1998 [1979].

Kahn, Axel. *L'homme, le libéralisme et le bien commun*. Paris : Stock, 2013.

—. *L'éthique dans tous ses états*. Dialogue avec Denis Lafay. La Tour d'Aigues : l'Aube, 2019.

Lafay, Denis. *Maintenant on fait quoi ?*. La Tour d'Aigues : l'Aube, 2020.

Latour, Bruno. *Où suis-je ? Leçons du confinement à l'usage des terrestres*. Paris : La Découverte, 2021.

Latour, Bruno, Schultz, Nikolaj. *Mémo sur la nouvelle classe écologique*. Paris : la Découverte, 2022.

Leparmentier, Arnaud. « L'immense vague de départs dans les entreprises américaines bouleverse le marché du travail ». *Le Monde*, 25 janvier 2022.

Les 2 Alfred. Film de Bruno Podalydès, 2020.

Le sommet des dieux. Film d'animation de Patrick Imbert, 2021. Adaptation du manga *Le Sommet des dieux*, de Jirō Taniguchi, d'après le roman de Baku Yumemakura (2000-2003).

Mathieu, Luc, Kodmani, Hala. « Torture en Syrie : la mort pour dessein ». *Libération*, 12 août 2018.

Marks, Elizabeth, Hickman, Caroline, Pikhala, Panu, et al. « Young people's voices on climate anxiety, government betrayal and moral injury, a global phenomenon ». *The Lancet Planetary Health*, 7 septembre 2021. URL : <https://papers.ssrn.com/sol3/papers.cfm?abstract_id=3918955>.

Meadows, Donella, Meadows, Dennis, Randers, Jørgen, Behrens III, William W. *Les limites à la croissance*. Rapport pour le Club de Rome. Paris : Fayard, 1972.

Miller, Marine. *La révolte*. Paris : Seuil, 2021.

Morin, Edgar. *Terre-Patrie*. Avec Anne-Brigitte Kern. Paris : Seuil, 1993.

—. *Le temps est venu de changer de civilisation*. Dialogue avec Denis Lafay. La Tour d'Aigues : l'Aube, 2017.

Notat, Nicole, Senard, Jean-Dominique. *L'entreprise objet d'intérêt collectif*. Rapport aux ministres de la Transition écologique et solidaire, de la Justice, de l'Économie et des Finances, du Travail, 9 mars 2018. URL : <https://www.economie.gouv.fr/files/files/PDF/2018/entreprise_objet_interet_collectif.pdf>.

Odoxa. *Covid, le risque générationnel ?*. Enquête pour le Cercle Vulnérabilités et Société, février 2021. URL : <https://www.vulnerabilites-societe.fr/wp-content/uploads/2021/02/Odoxa-pour-CVS-_-Etude-ge%CC%81ne%CC%81rations.pdf>.

Oxfam. *Les inégalités tuent*. Rapport, janvier 2022. URL : <https://www.oxfamfrance.org/wp-content/uploads/2022/01/Rapport_Oxfam_Inegalites_mondiales_Davos_170122.pdf>.

Pattison, Pete, McIntyre, Niamh, Mukhtar, Imaram, et al. « Revealed : 6 500 migrant workers have died in Qatar since World Cup awarded ». *The Guardian*, 23 février 2021. URL : <https://www.theguardian.com/global-development/2021/feb/23/revealed-migrant-worker-deaths-qatar-fifa-world-cup-2022>.

Plas, Odile de. « Georges Brassens : cent ans après sa naissance, un garçon toujours dans le vent ». *Télérama* n° 3746, 27 octobre 2021.

« Pour casser les dynasties patrimoniales, inventer l'héritage tout au long de la vie ». *Intérêt général, la fabrique de l'alternative*, Note n° 11, février 2021. URL : <https://interetgeneral.net/publications/pdf/11.pdf>.

Rabhi, Pierre. *J'aimerais tant me tromper*. Dialogue avec Denis Lafay. La Tour d'Aigues : l'Aube, 2019.

Rabhi, Pierre, Morin, Edgar. *Frères d'âme*. En dialogue avec Denis Lafay. La Tour d'Aigues : l'Aube, 2021.

Rodier, Anne, Thomas, Jules. « Le rapport des jeunes au travail, une révolution silencieuse ». *Le Monde*, 23 janvier 2022.

Rosanvallon, Pierre. *Les épreuves de la vie ; comprendre autrement les Français*. Paris : Seuil, 2021.

Sauvé, Jean-Marc. *Les violences sexuelles dans l'Église, France 1950-2020*. Rapport pour la Ciase, 5 octobre 2021. URL : <https://www.ciase.fr/medias/Ciase-Rapport-5-octobre-2021-Les-violences-sexuelles-dans-l-Eglise-catholique-France-1950-2020.pdf>.

Un entretien. Série de Julien Patry, diffusée sur Canal Plus depuis 2018.

Vitkine, Antoine. *Salvator mundi*, documentaire, diffusé le 13 avril 2021 sur France 5.

Wernicke, Georg, Sajko, Miha, Boone, Christophe. *How much influence do CEOs have on company actions and outcomes ? The example of corporate social responsibility*. Briarcliff Manor (NY) : Academy of management, 2021.

WMO. *State of the global climate 2021 : WMO provisional report*. Rapport, octobre 2021. URL: <https://library.wmo.int/doc_num.php?explnum_id=10859>.

Woessner, Géraldine, « Match Reims-Lille : la droite nationale se déchire », *Le Point*, 5 février 2022.

Zemmour, Éric. *La France n'a pas dit son dernier mot*. Paris : Rubempré, 2021.

Table des matières

Pour limiter l'empreinte environnementale de leurs livres,
les éditions de l'Aube font le choix de papiers
issus de forêts durablement gérées et de sources contrôlées.

Achevé d'imprimer en avril 2022
sur les presses de l'imprimerie CPI Firmin Didot
pour le compte des éditions de l'Aube
331, rue Amédée-Giniès, F-84240 La Tour d'Aigues

Numéro d'édition : 4823
Dépôt légal : mai 2022
Numéro d'impression : 169663

Imprimé en France